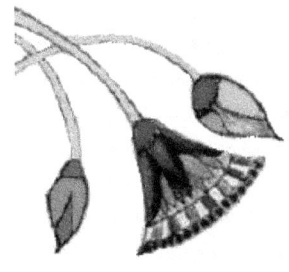
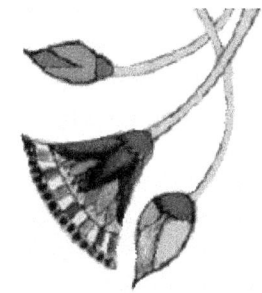

Reflexiones de Ariel Arias

y

Dibujos de Azálea Carrillo

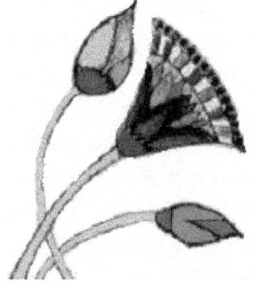
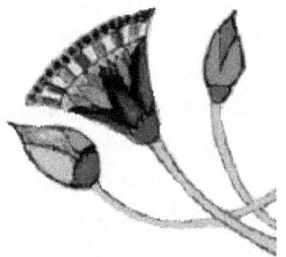

Titulo original:
"Reflexiones de Ariel Arias
y Dibujos de Azálea Carrillo"

© 2015 Ariel Arias
© 2015 Azálea Carrillo

ISBN-13: 978-1517464141

ISBN-10: 1517464145

Diseño de carátula y dibujos:
Azálea Carrillo
azaleacarrillo@aol.com

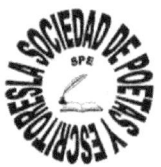

El escritor y la pintora
Se unen en este libro
En lazos de amistad
y creatividad

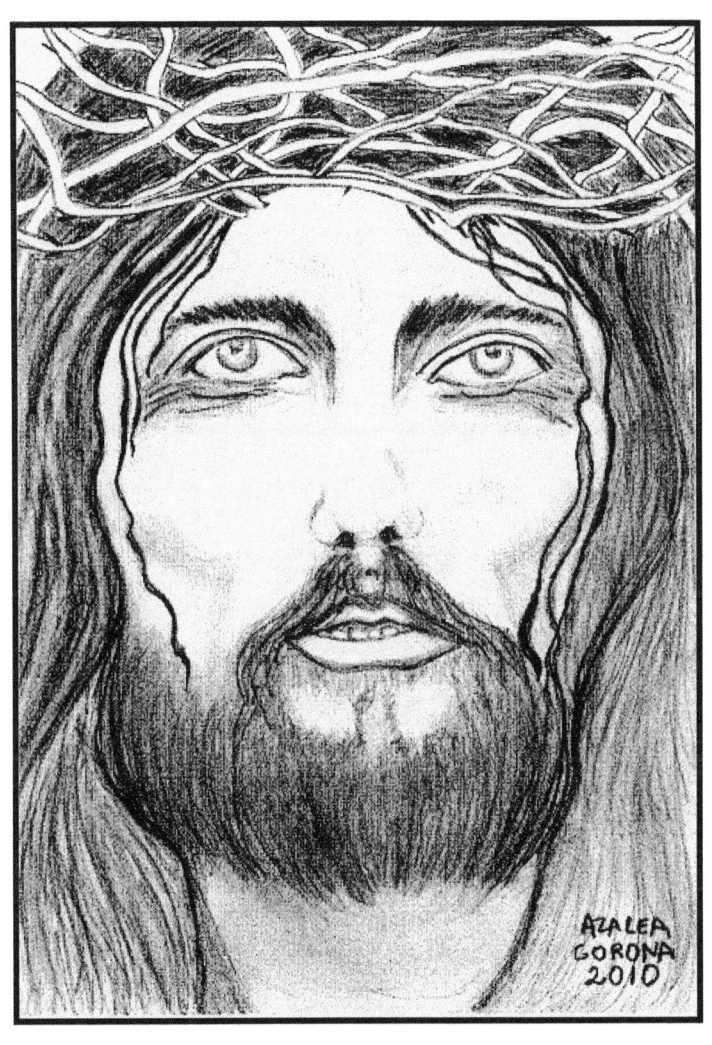

Densa materia que ya no estás
El alma pensante se evapora
Busco a Dios en lo más callado de la tranquilidad
Integrados con la inmensidad: Somos Dios

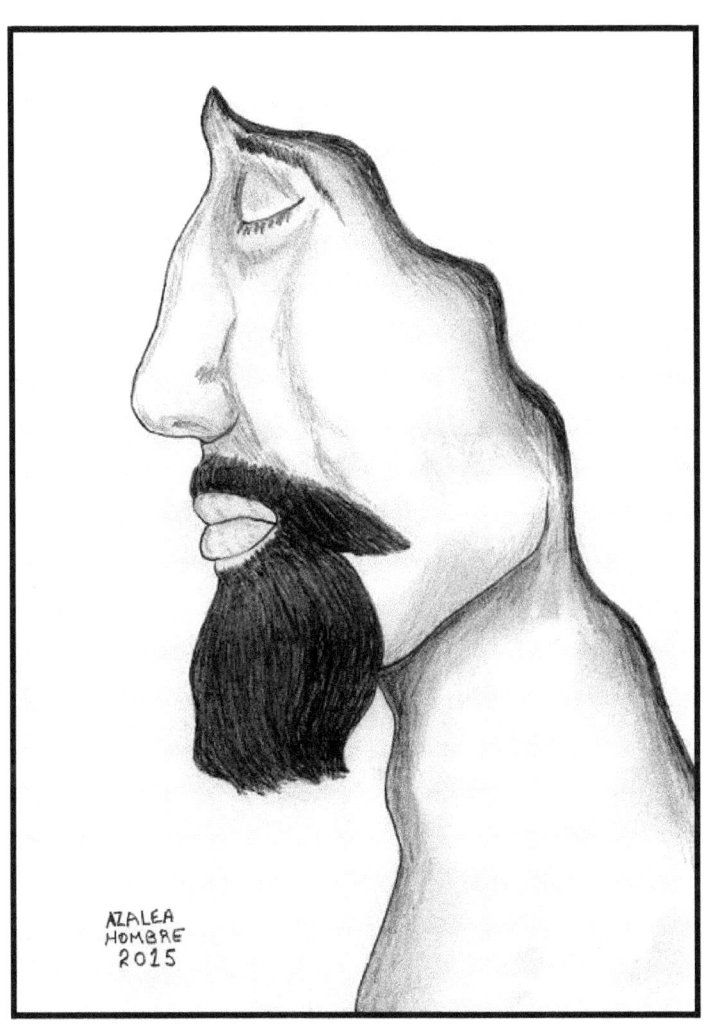

La meditación es el combustible que mantiene mi cuerpo vigoroso y el espíritu vivo. Es durante este tiempo que la capa etérea que envuelve el cuerpo, se hace permeable para que los tóxicos acumulados salgan y penetre la pura energía del espíritu.

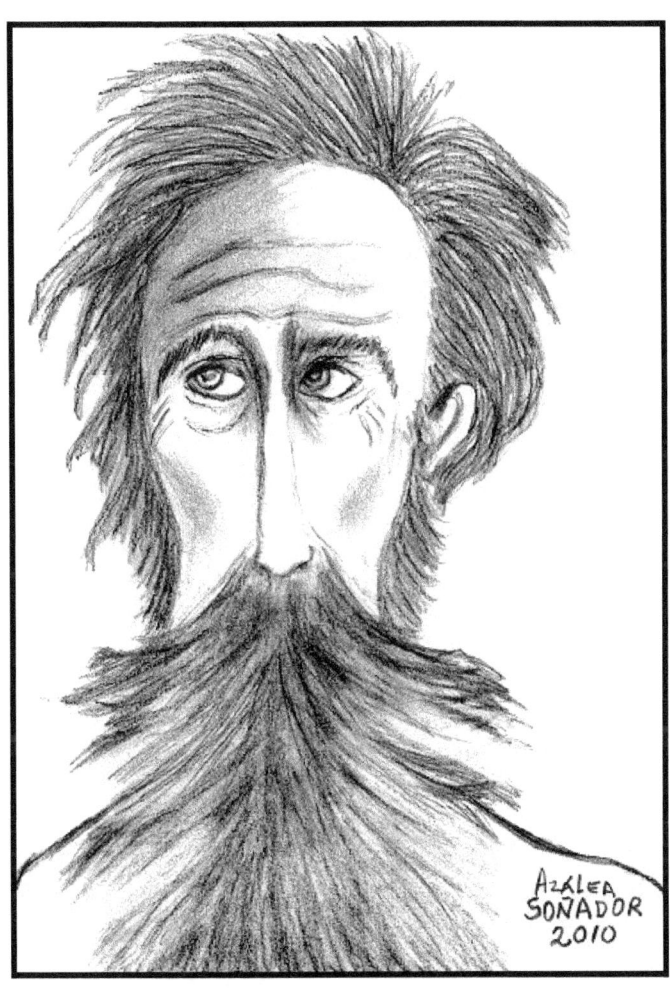

Cuando aprendamos a descubrir las verdades en las cosas más simples, estaremos mejor capacitados para poder interpretar las más complicadas, o aquellas que aparentan estar envueltas en el misterio.

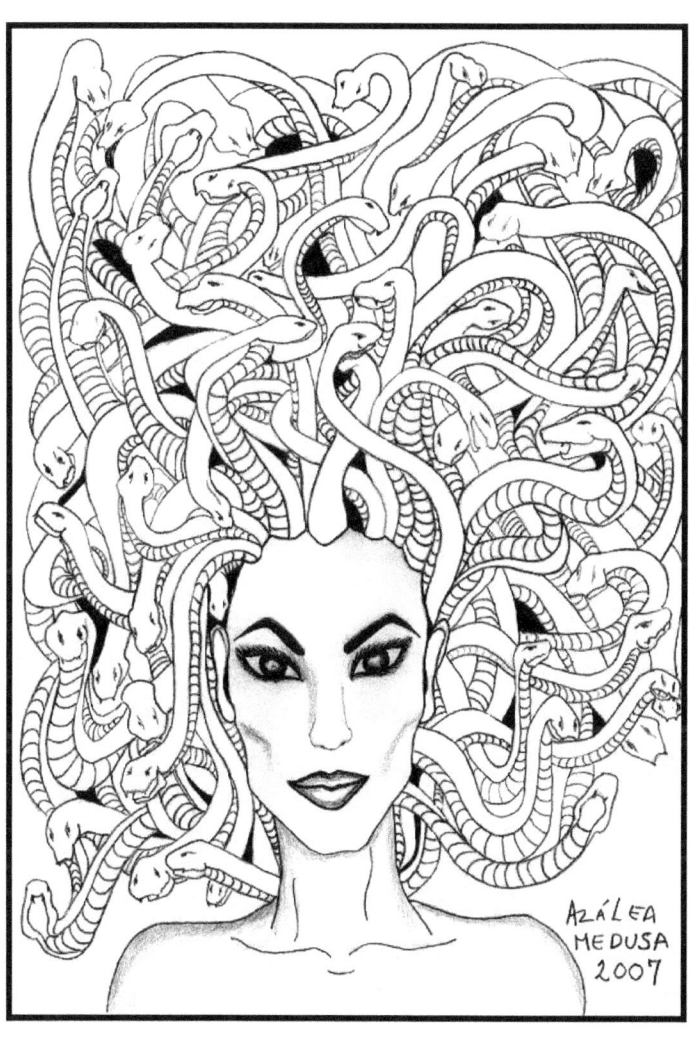

La envidia impide el crecimiento emocional sano. Reconocer la superioridad de otros en determinados momentos, es el mejor estimulante para tratar alcanzar lo que nos falta por aprender.

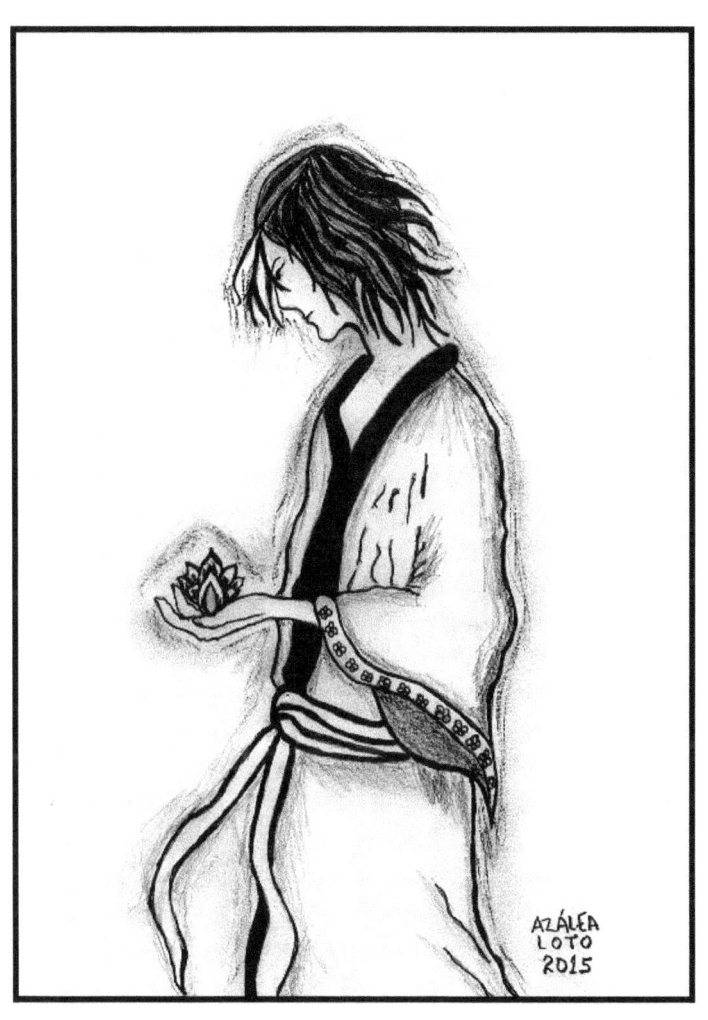

Se puede nacer con inteligencia, pero la sabiduría no es un gene con el que se nace, hay que perseguirla y seguir buscándola por siempre.

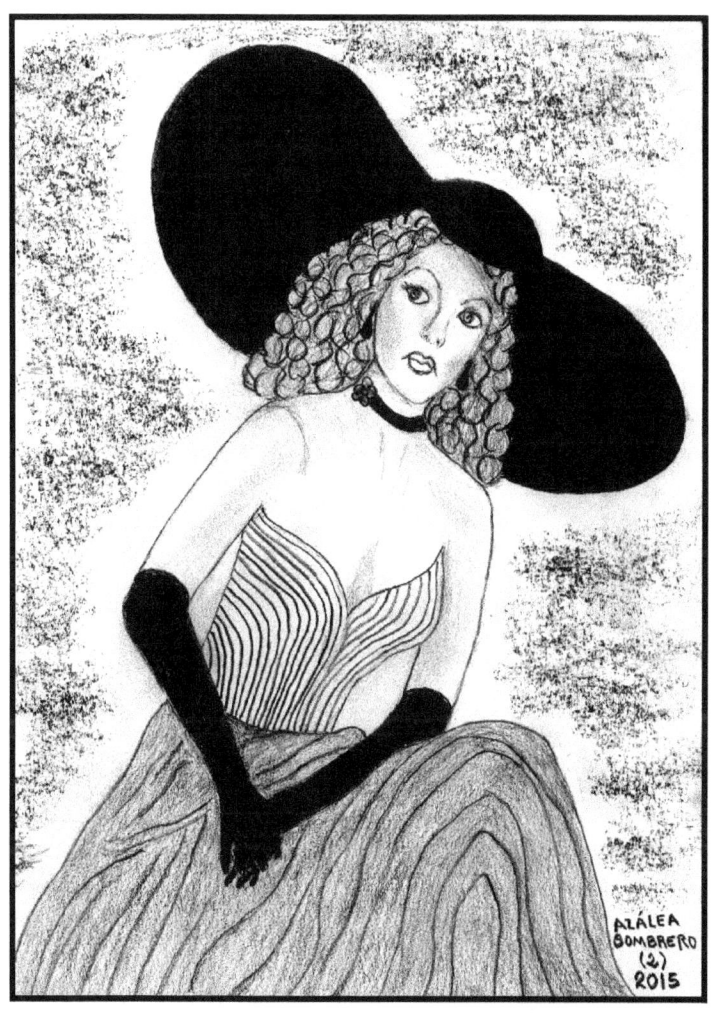

Los que se dejan dominar por emociones impropias, pierden la oportunidad de crecer provechosamente.

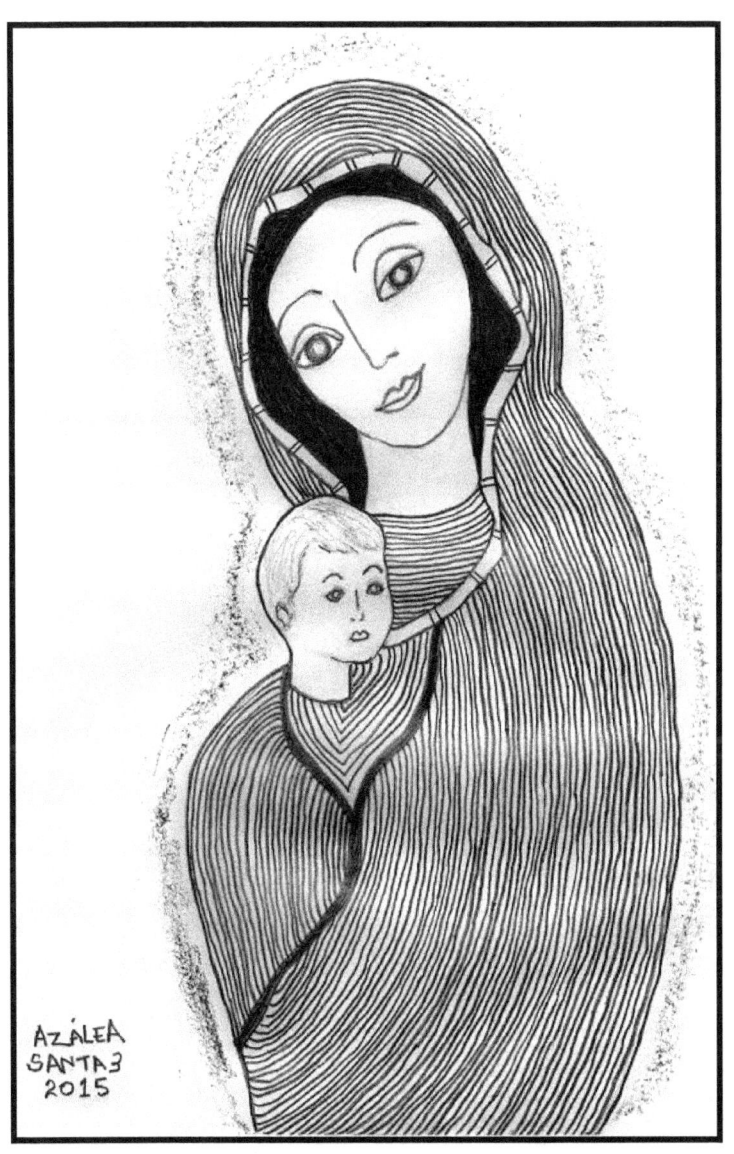

La verdad va más allá de la inmensidad, es pureza…
es Dios…

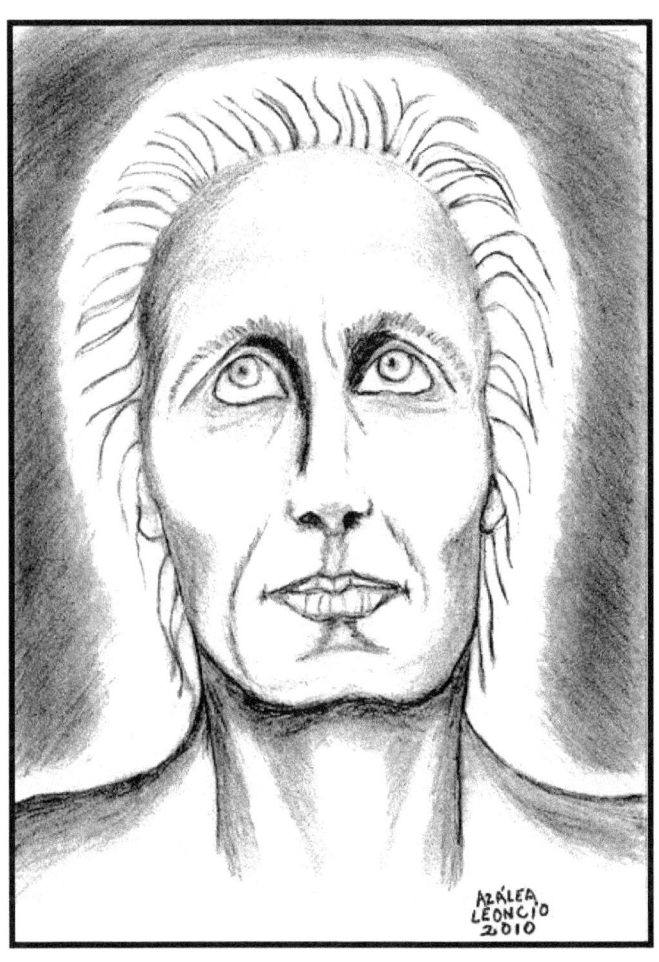

El conocimiento de nada sirve si no se usa
constructivamente.

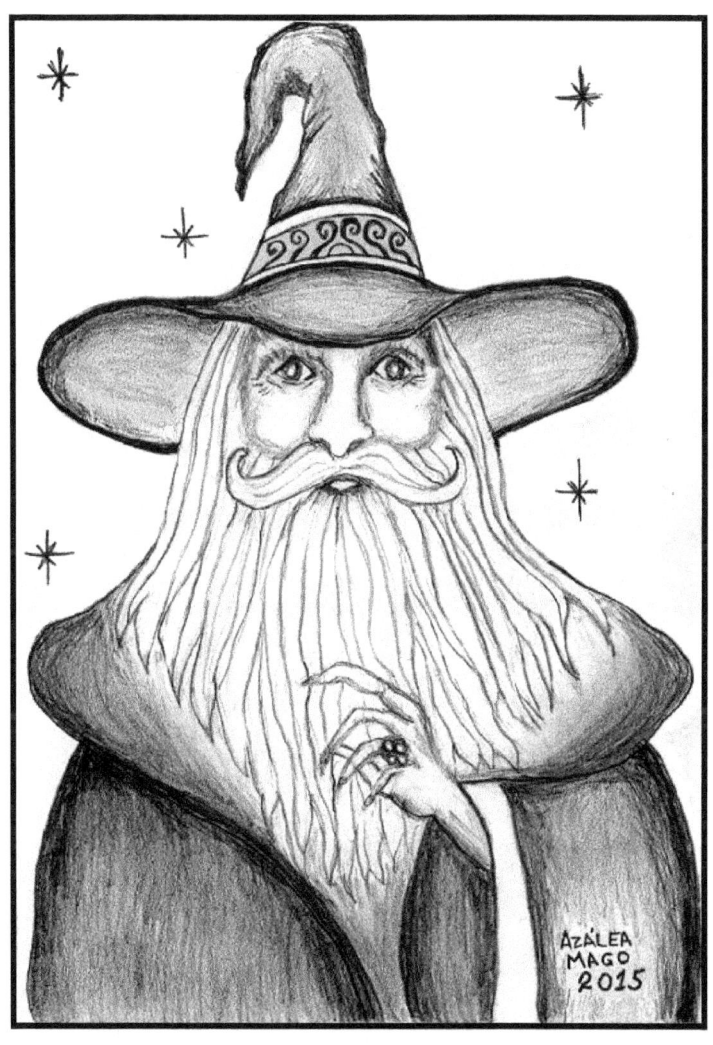

No corras caminante sin saber dónde vas, es tuyo el camino si sabes andar.

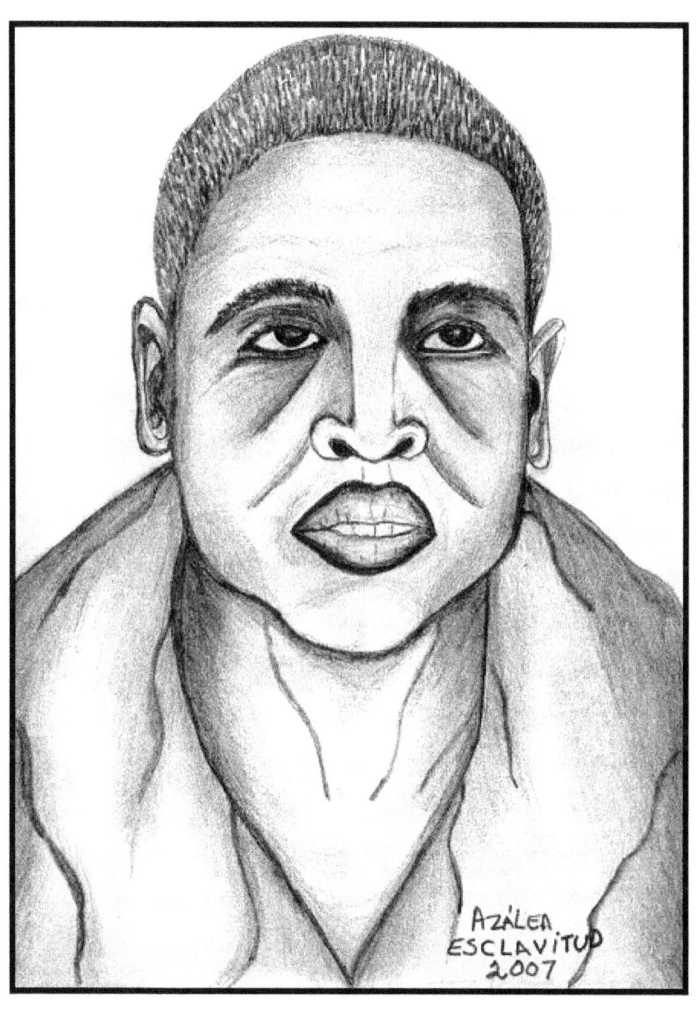

Será triste el día, cuando al atardecer final, para atrás la mirada: Nada encontrar, más allá de al frente: No vislumbrar.

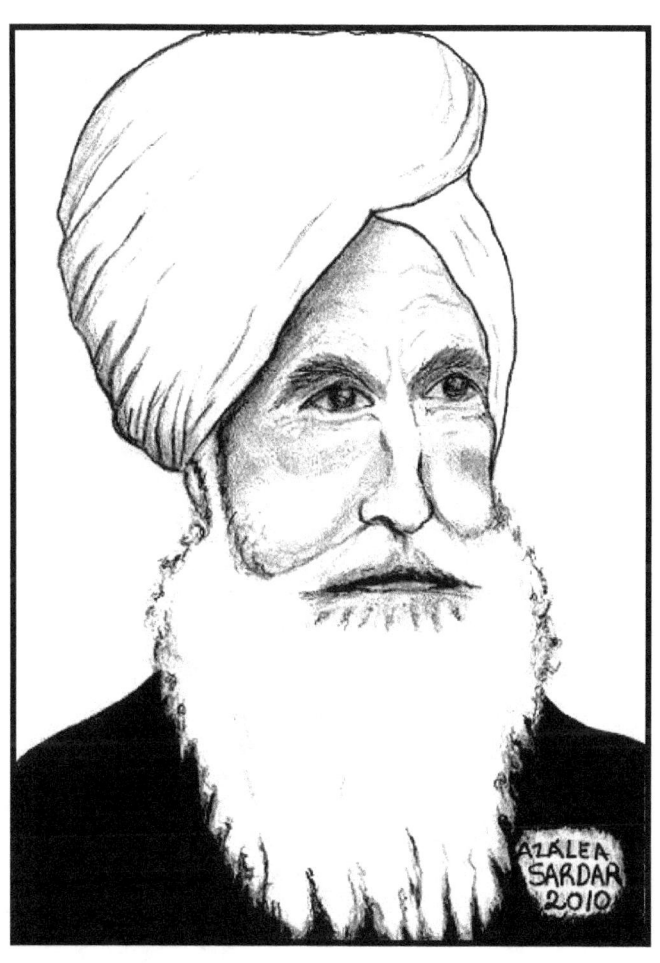

Los que por los años estamos más avanzados en el caminar de la vida, según perdemos la agudeza visual ganamos la visión del alma.

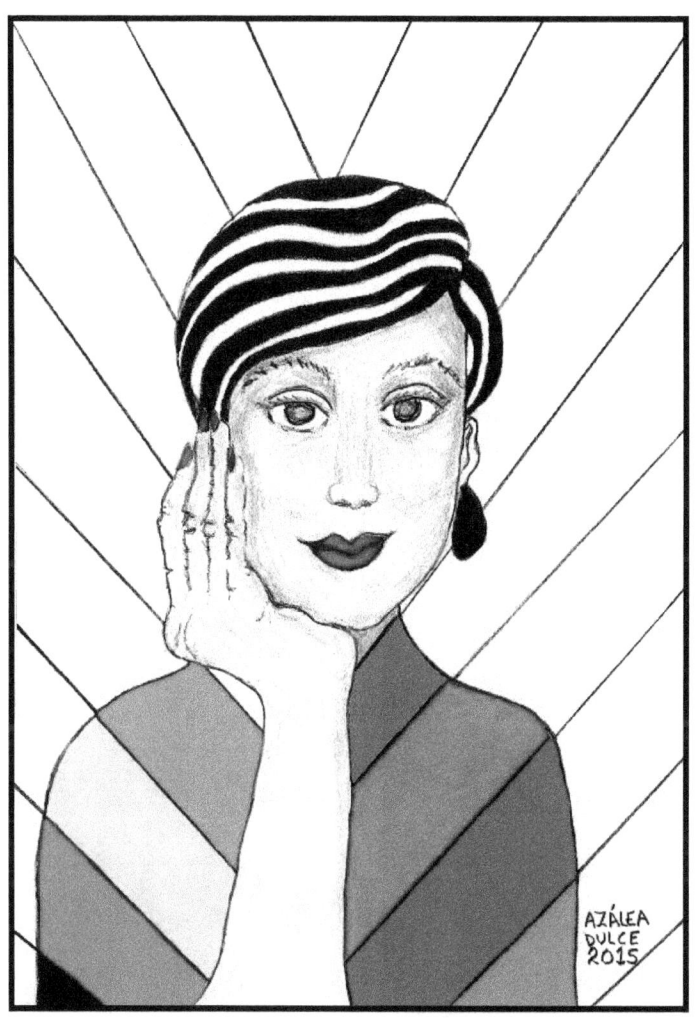

No importa las adversas consecuencias que en ocasiones esto pueda acarrear, la honestidad siempre dignifica.

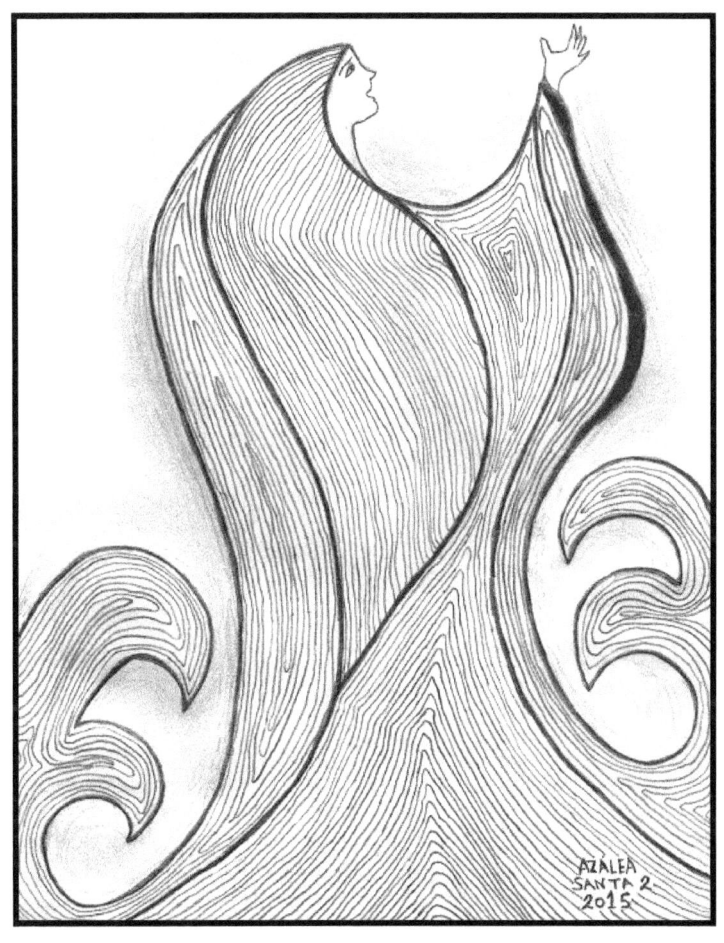

Cuando se ejercita la imaginación durante un estado de quietud mental, la espiritualidad se crece, tomando el comando del ser, estableciendo así un espacio propicio para la creatividad.

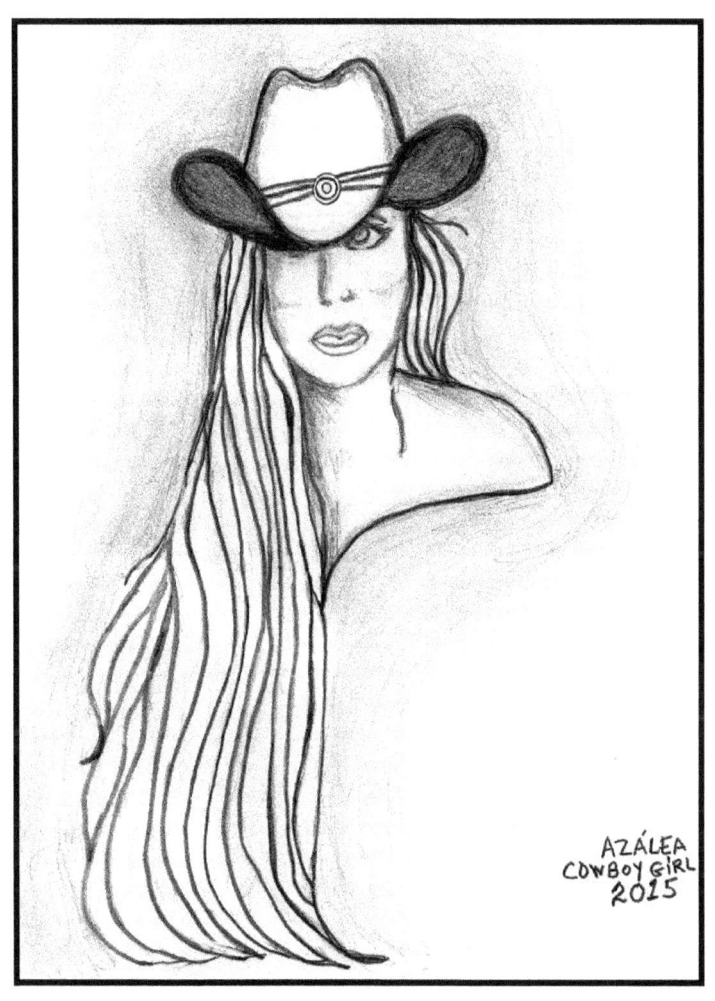

Si tienes algo que objetar a la vida: ¡Que no sea al amor!

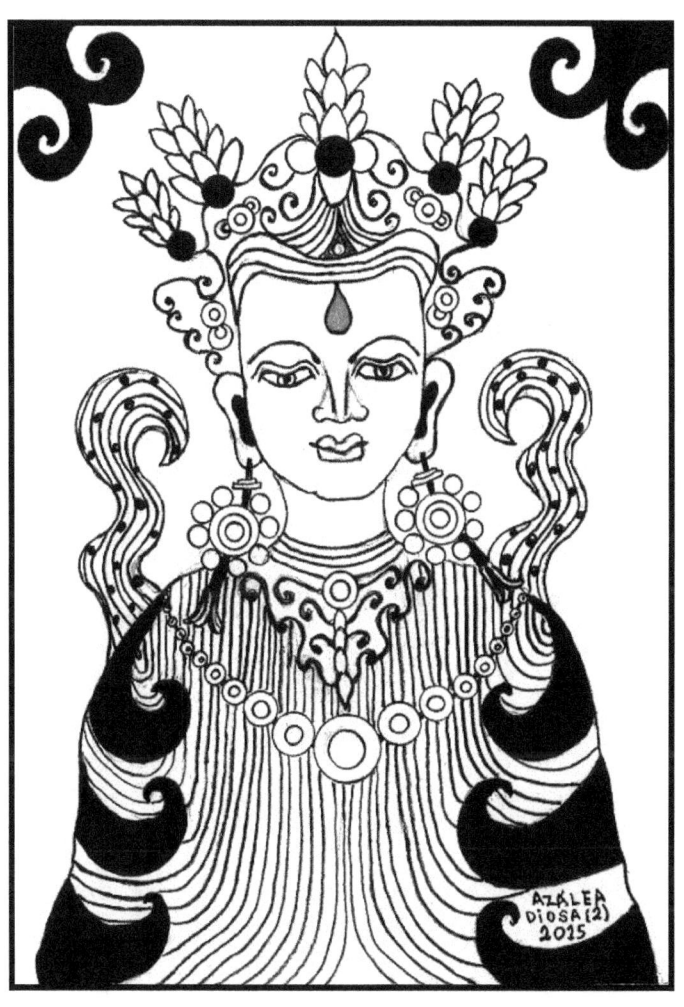

Las palabras pueden volar como el viento, quemar como el fuego y herir como un puñal, por favor, antes de pronunciarlas pásala por el filtro del amor.

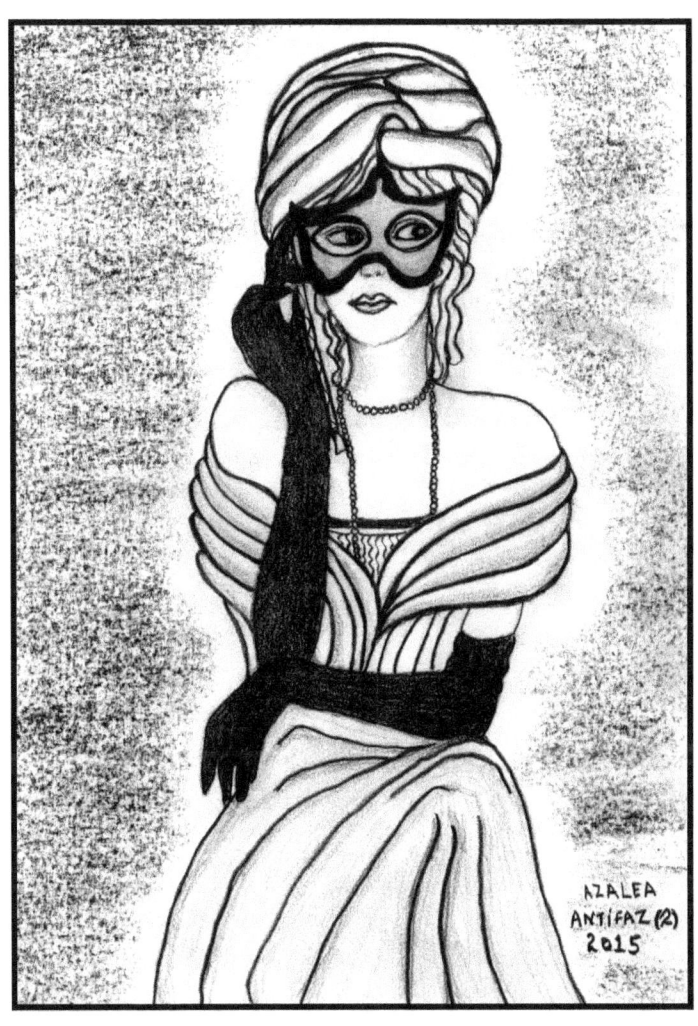

Cada cual tiene su propio camino que andar con flores y espinas. La sabia actitud es aprovechar las flores al máximo y protegernos para que las espinas no nos hieran.

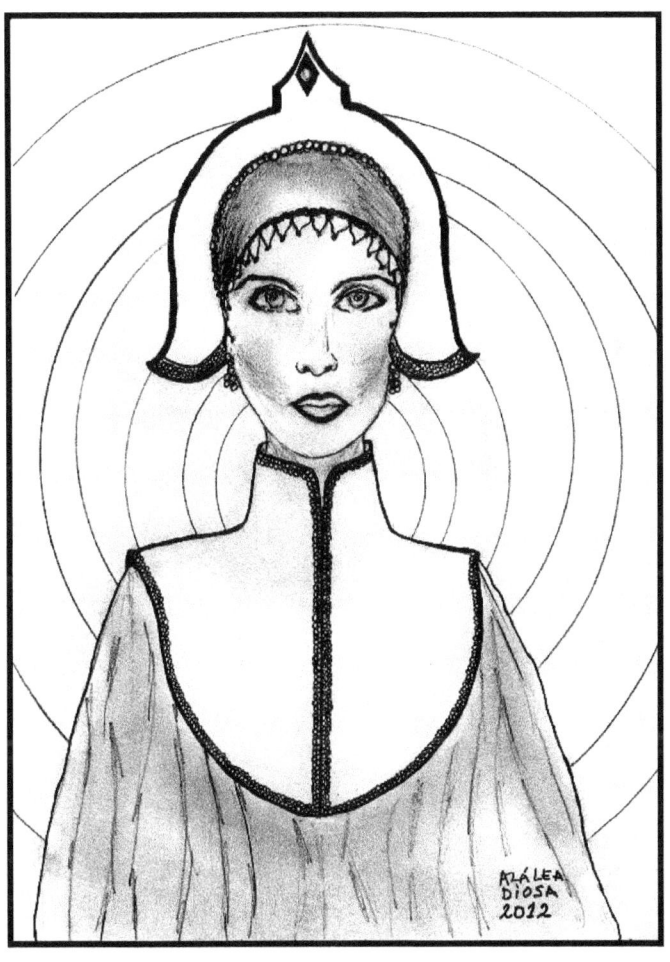

Los que no han navegado por sus mundos interiores permanecen encarcelados en la ignorancia, porque es en este espacio donde radica la sabiduría.

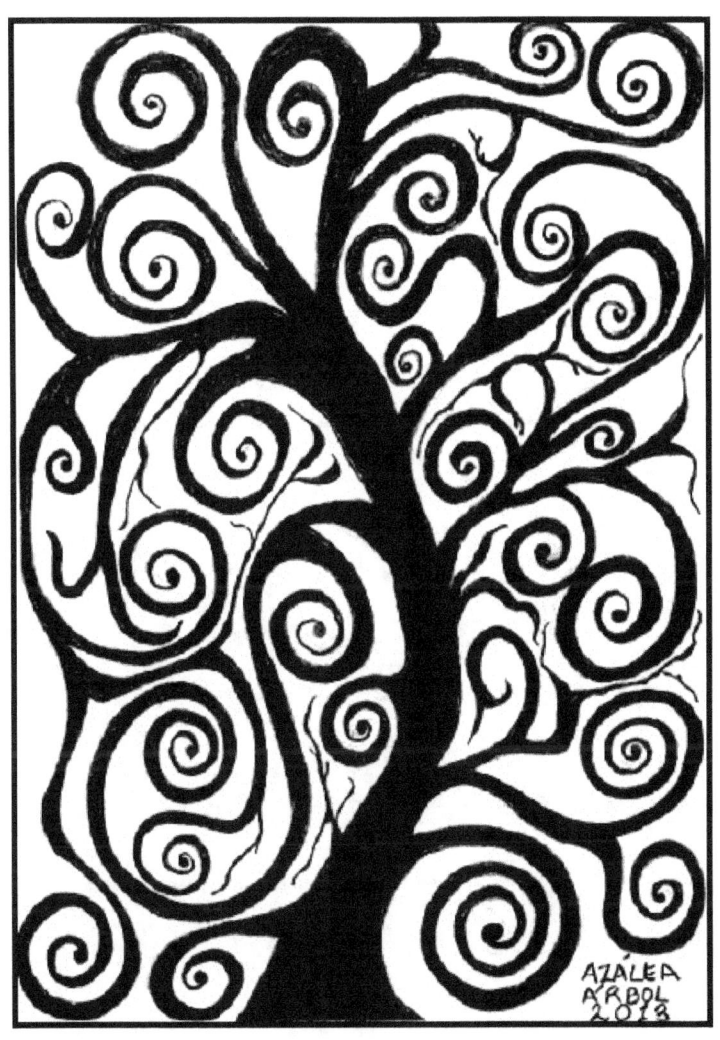

Cuando no te sientas capacitado para tomar una decisión importante correctamente, cierra la puerta del intelecto y abre la ventana de tu corazón.

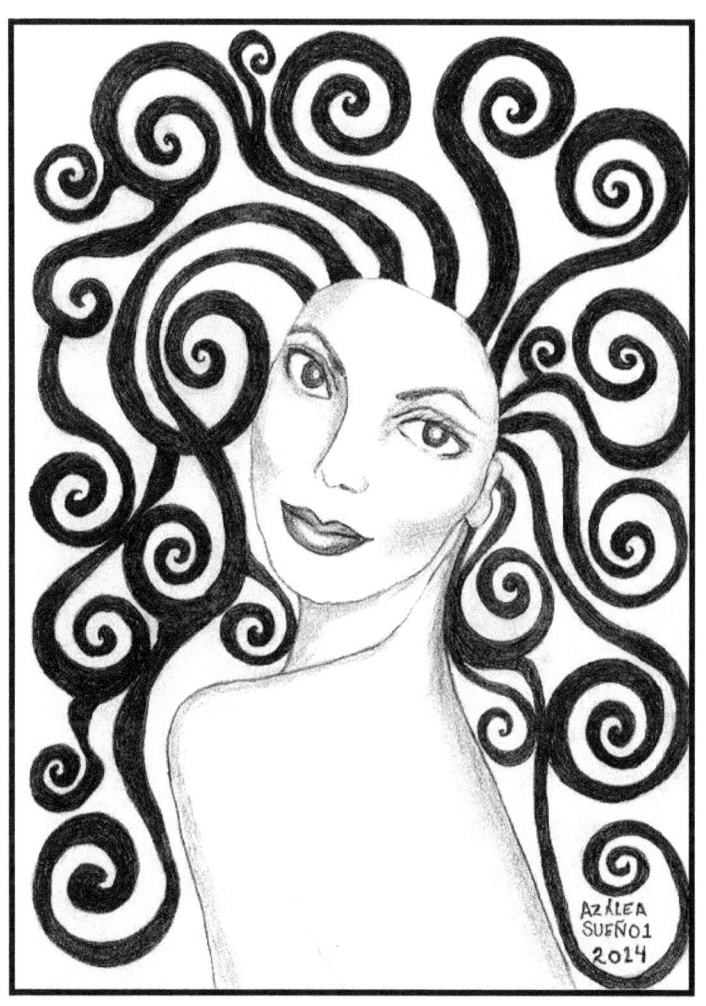

El contagio con el virus del amor es la mejor enfermedad que se puede adquirir.

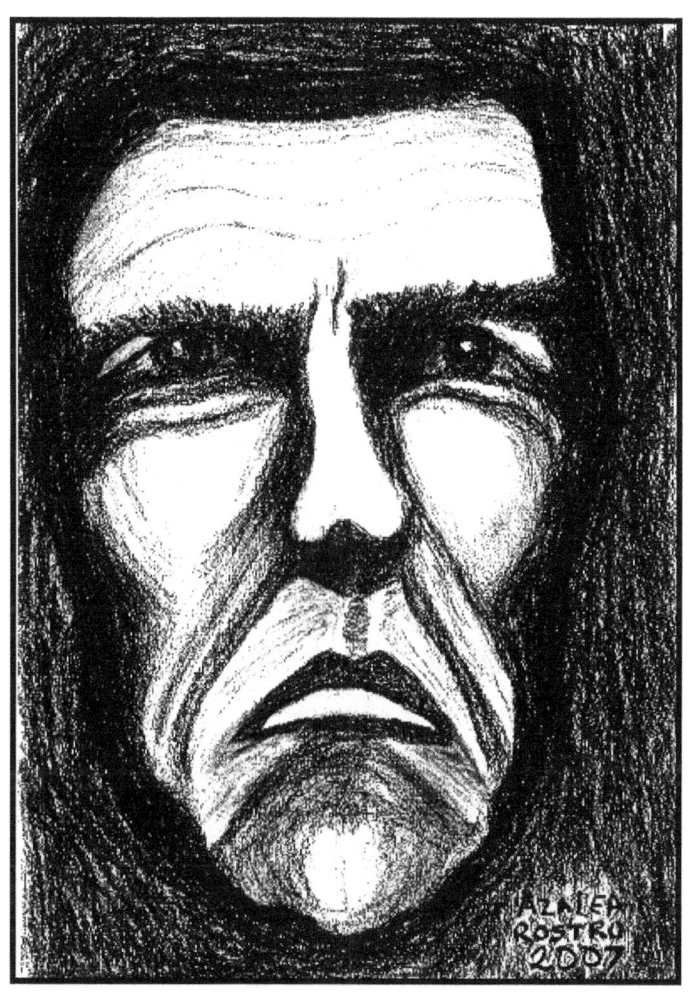

Cobarde no es el que tiembla ante la impotencia del sometimiento. Sí lo es el que compensa sus debilidades sometiendo a otros por la fuerza.

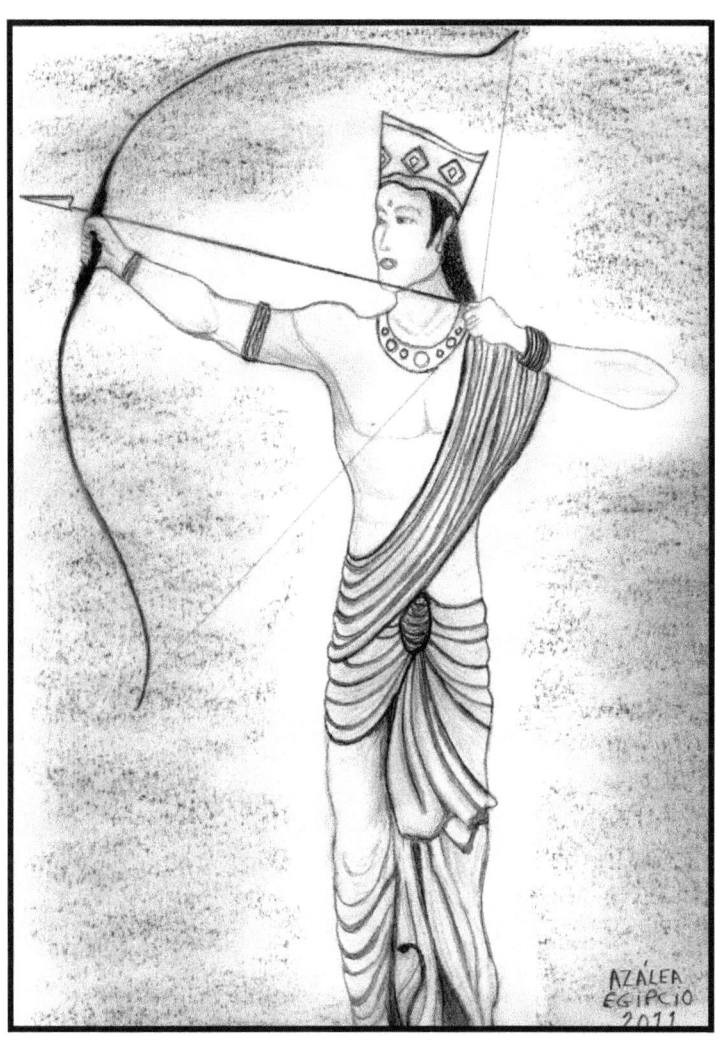

Nuestra verdad es correcta, mientras no tengamos conciencia de que no lo es.

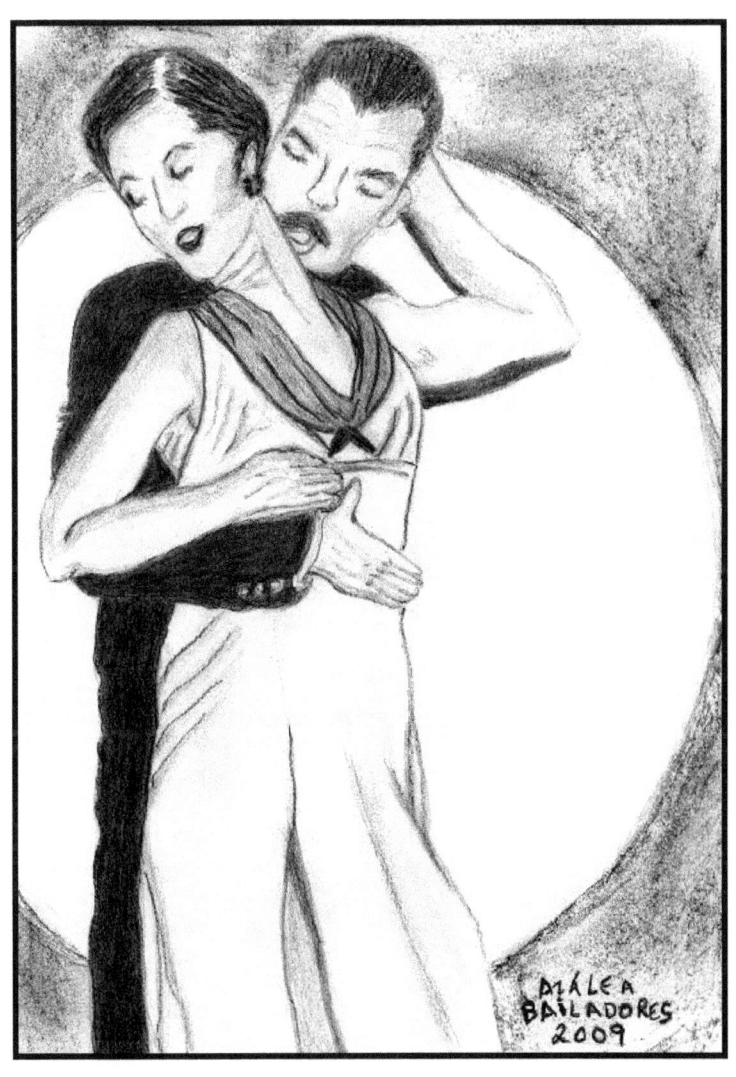

Decepcionante son las tibias respuestas a nuestros ardientes besos.

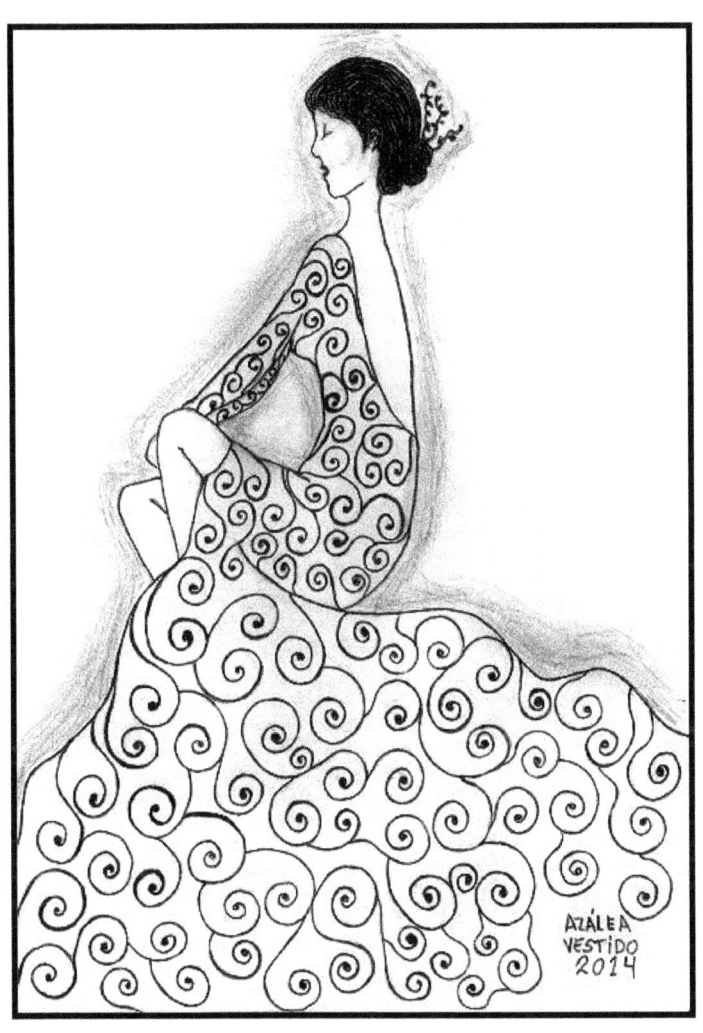

La búsqueda de la verdad es una faena interminable.

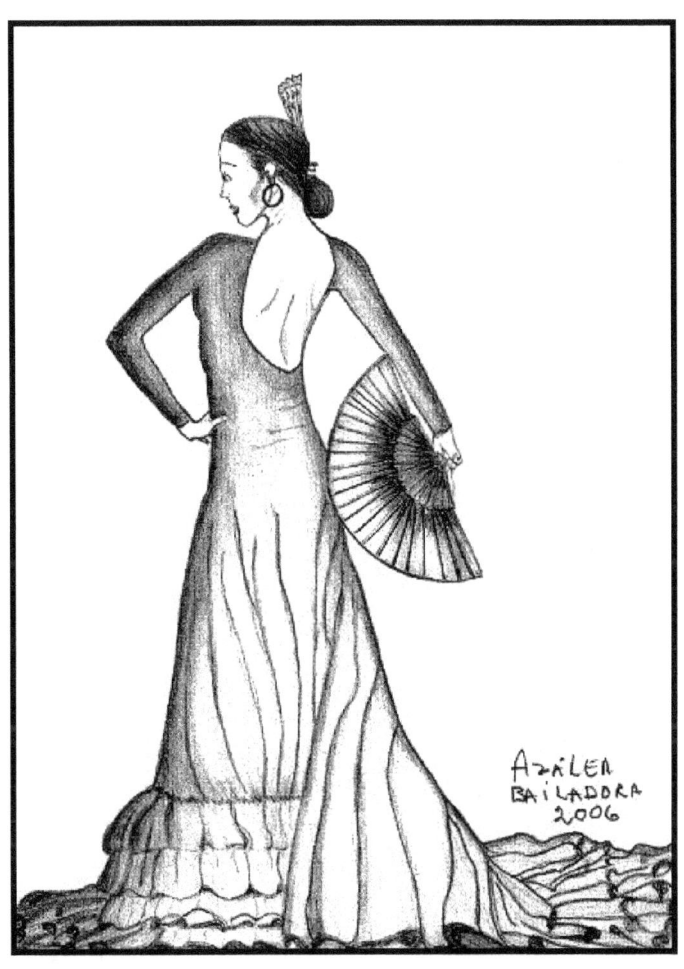

Vivir sin aprender, es un tiempo lamentablemente perdido.

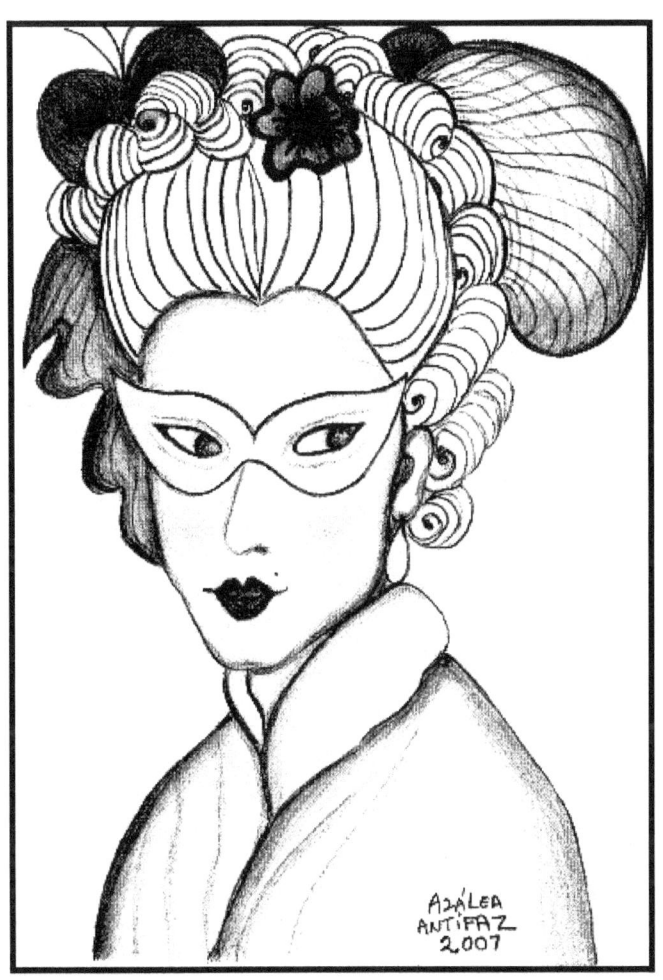

Vivir en la falsedad es como caminar en la cuerda floja. Siempre se está a un paso del abismo.

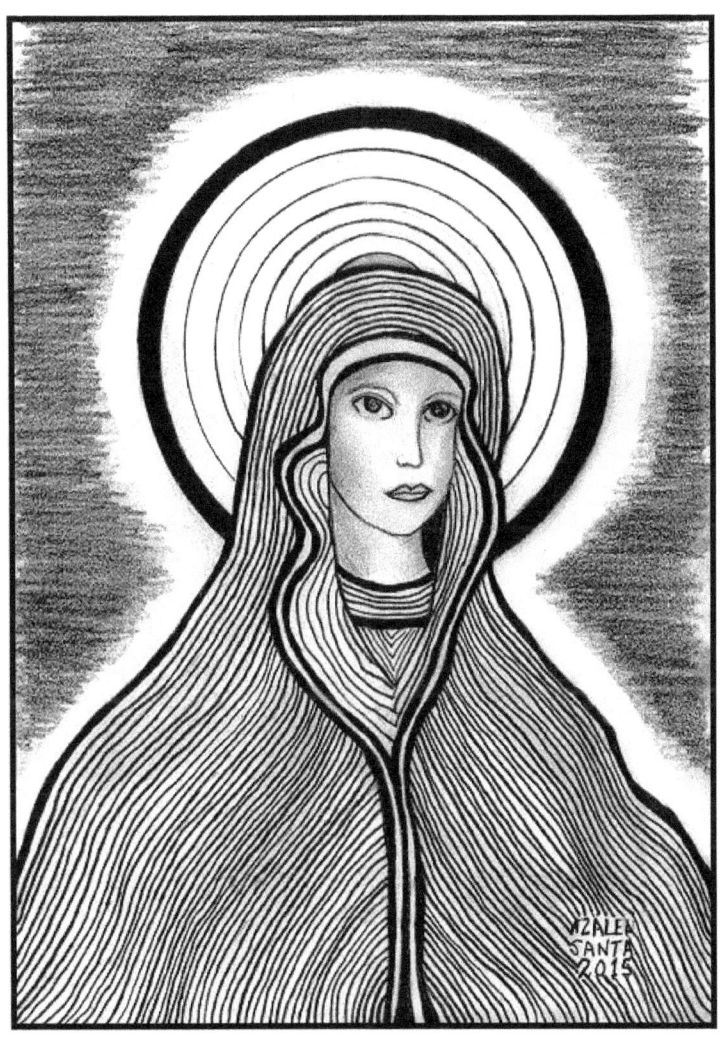

Un espíritu limpio y fuerte es la mejor protección contra los tropiezos y tormentas que puedan llegar a la vida.

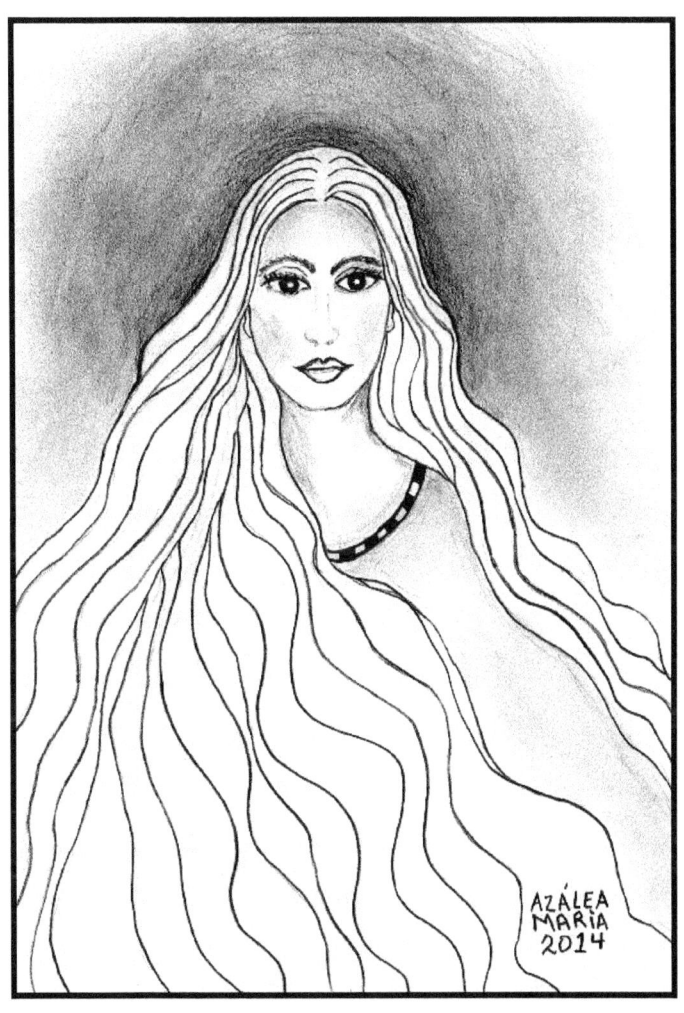

Frustrante resulta ser el engañarnos a nosotros mismos, cuando queremos mostrar ser lo que en realidad no somos.

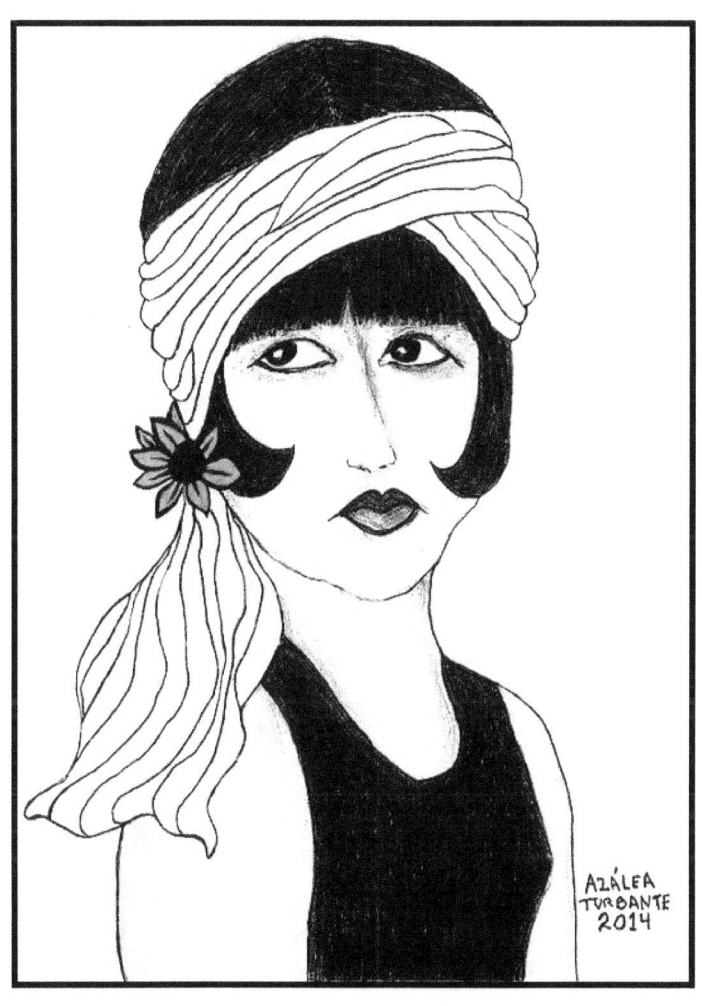

Lo hermoso se magnifica cuando estamos preparados para percibirlo.

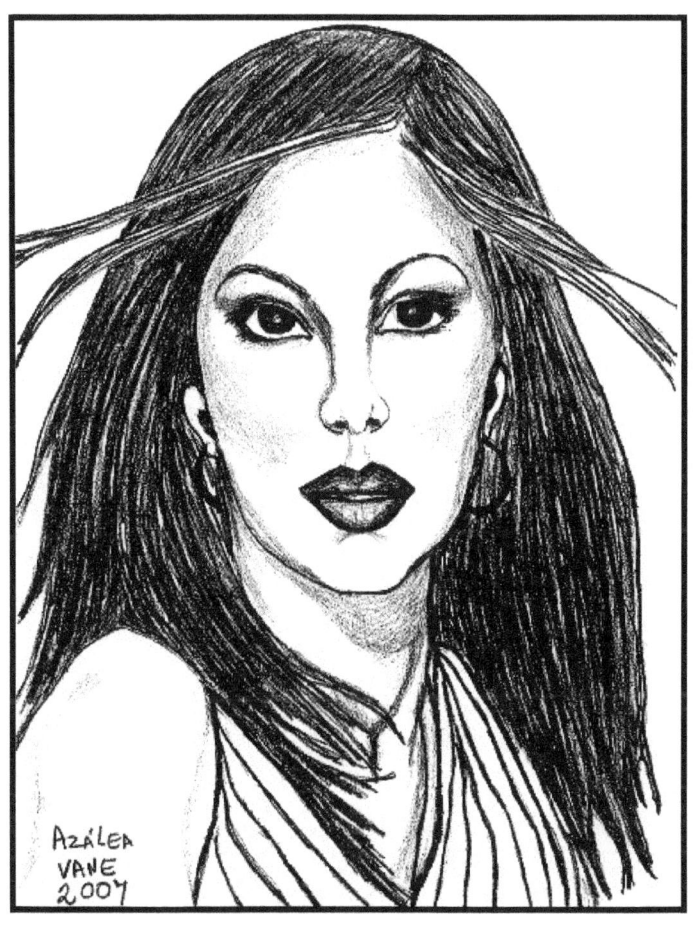

Sentir es permitir que el alma se exprese. La calidad de los sentimientos depende de su pureza en relación con el Espíritu Creador.

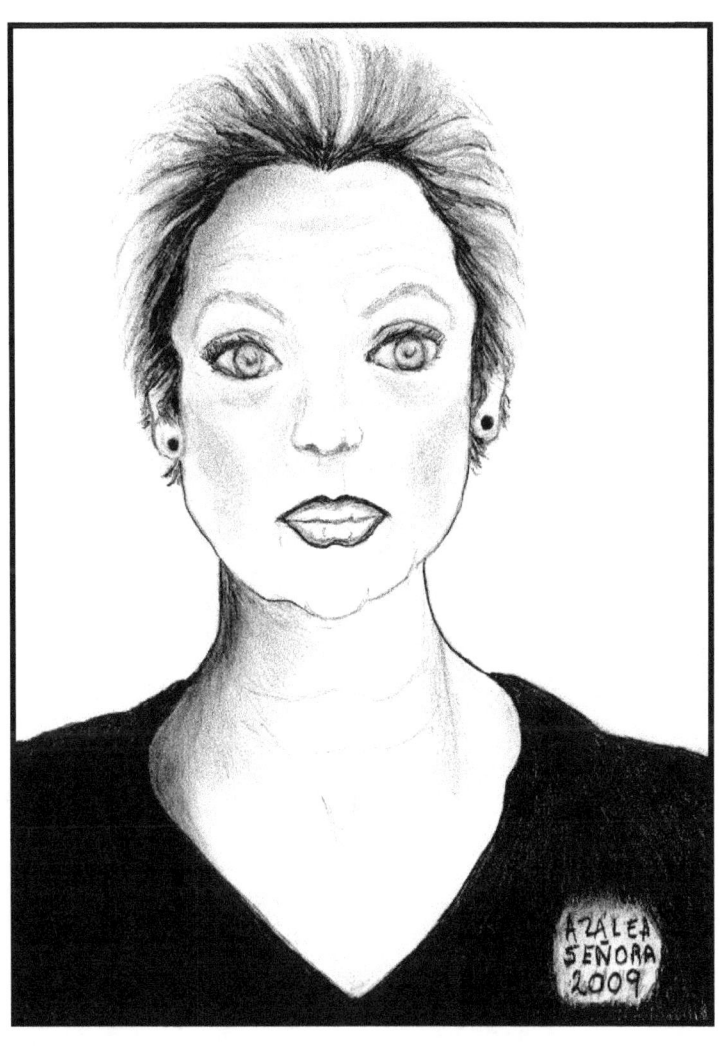

Para ser tolerado… hay que tolerar. Para recibir compasión… hay que ser compasivo. Para ser amado… hay que saber prodigar amor.

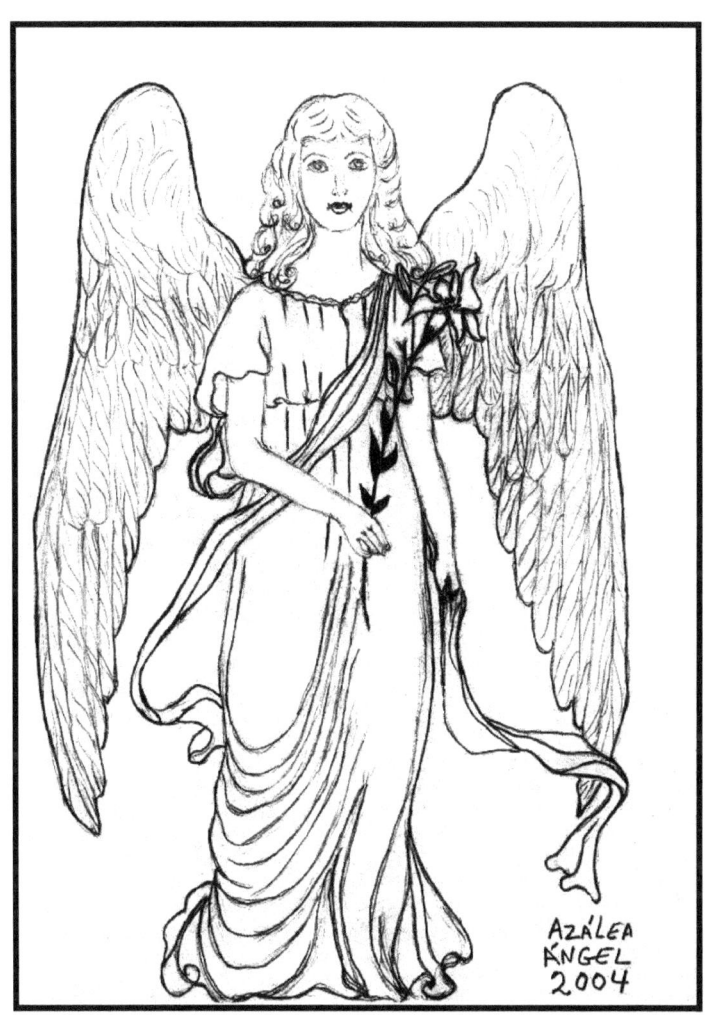

¡Détente un momento! ¡aquieta tus alas! De sembrar es el día, cosechar es mañana.

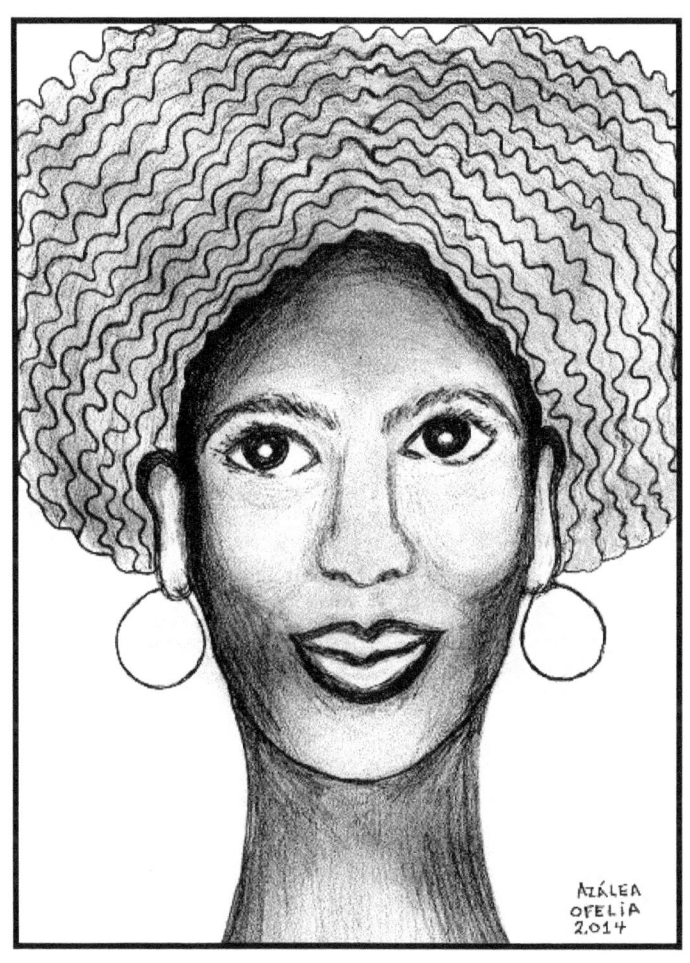

Armoniza tu vida con mente y acción, que juntos trabajen por un mundo mejor.

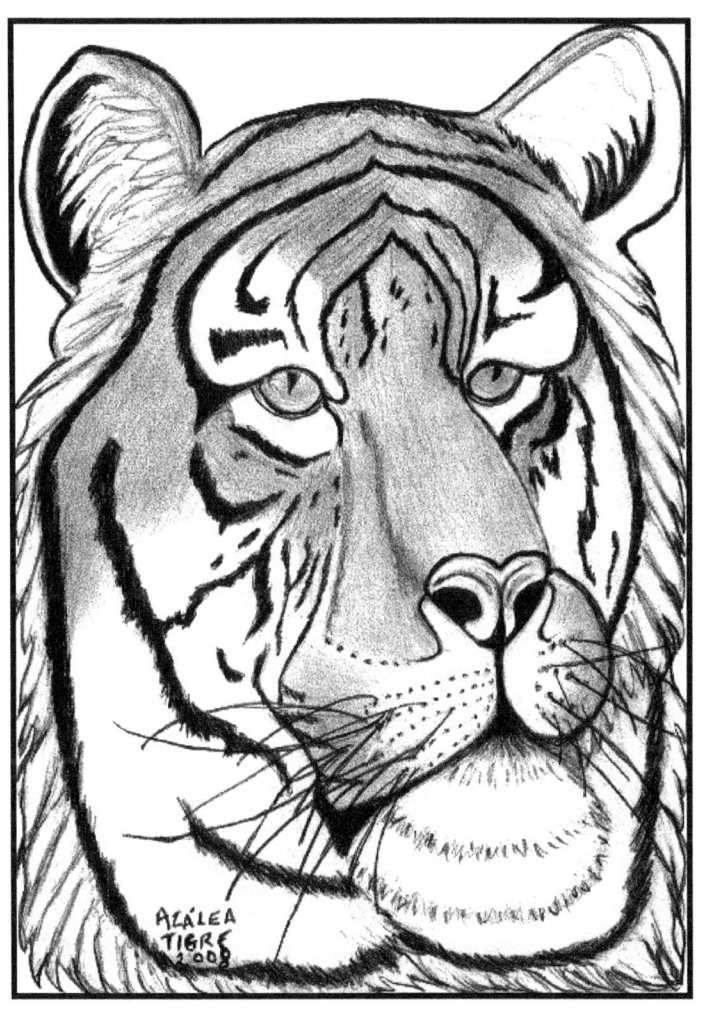

Deja lo animal que tienes dentro para su apropiado uso cuando llegue el momento. Cultiva lo sublime del espíritu que conduce a planos superiores, donde moran sabiduría y paz.

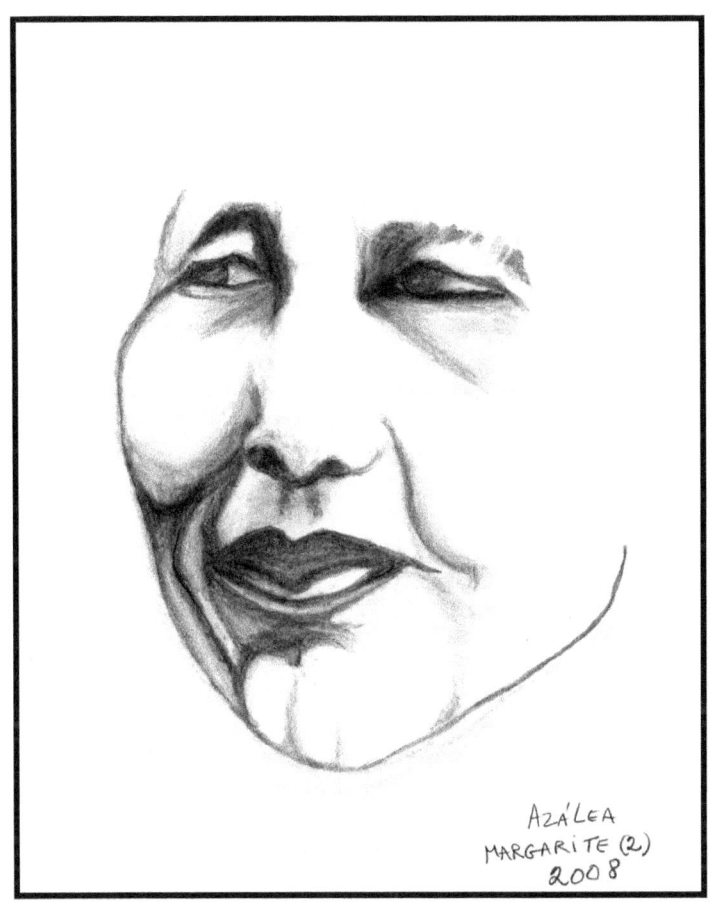

AZÁLEA
MARGARITE (2)
2008

Los seres que consientes o instintivamente conocen su misión, nunca acaban, terminan un ciclo para comenzar otro.

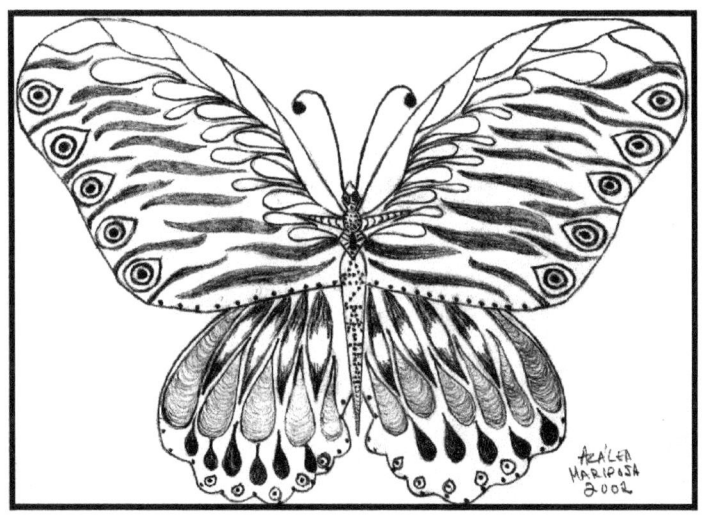

No apreciando lo que tienes pudiera opacar la visión del diamante, que pudiera estar escondido en la paja que desdeñas.

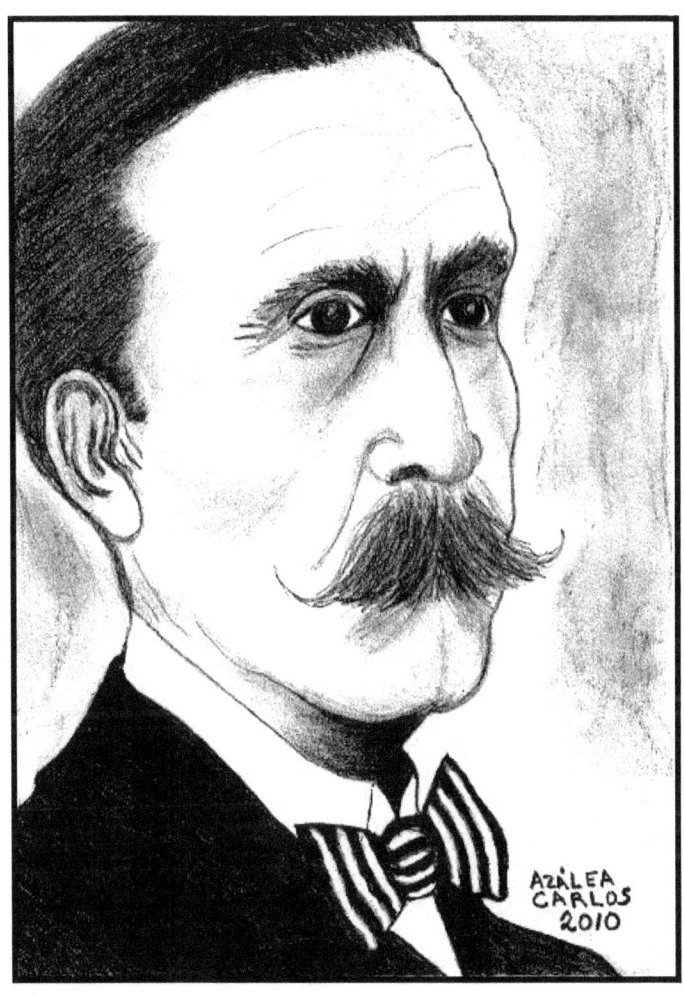

Somos mediocres en la medida que no usamos el potencial
creativo que poseemos.

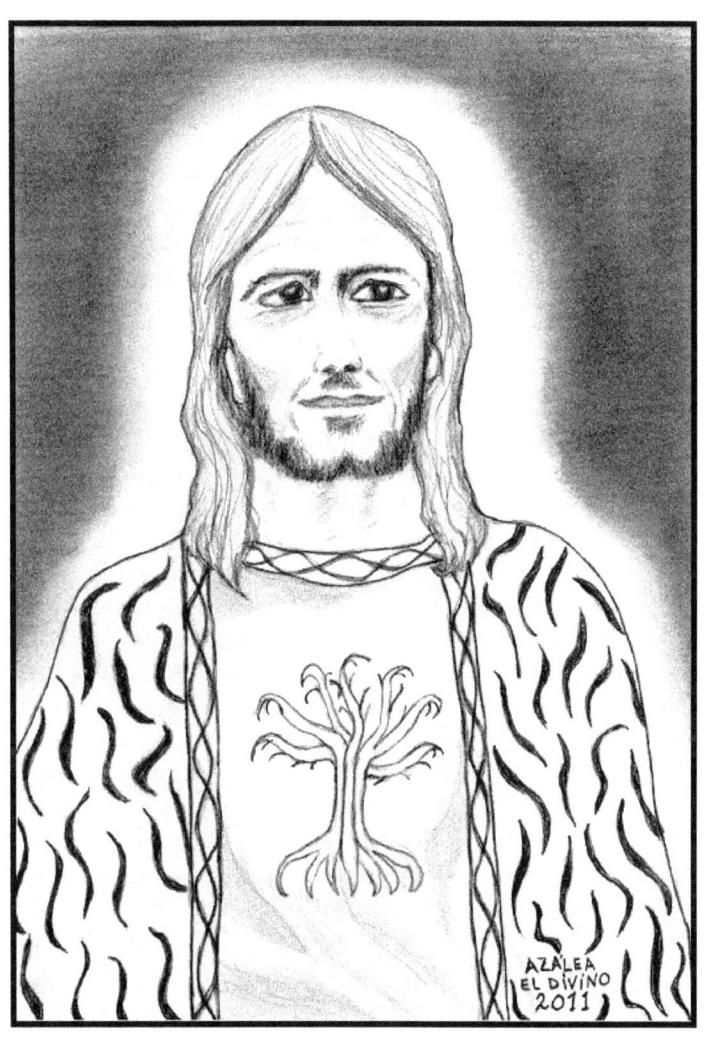

No es egoísmo llenar mi cántaro de agua primero, si estoy dispuesto a compartirla con los más sedientos.

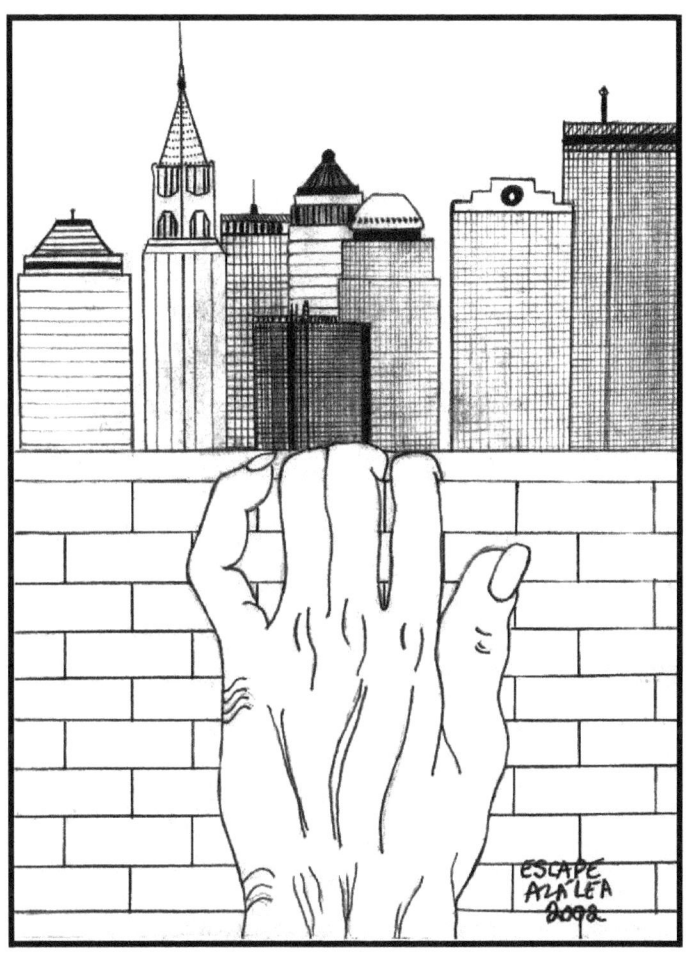

El tiempo puede lograr borrar el recuerdo de los hechos, pero la energía bienhechora o maligna de los mismos, permanece para siempre.

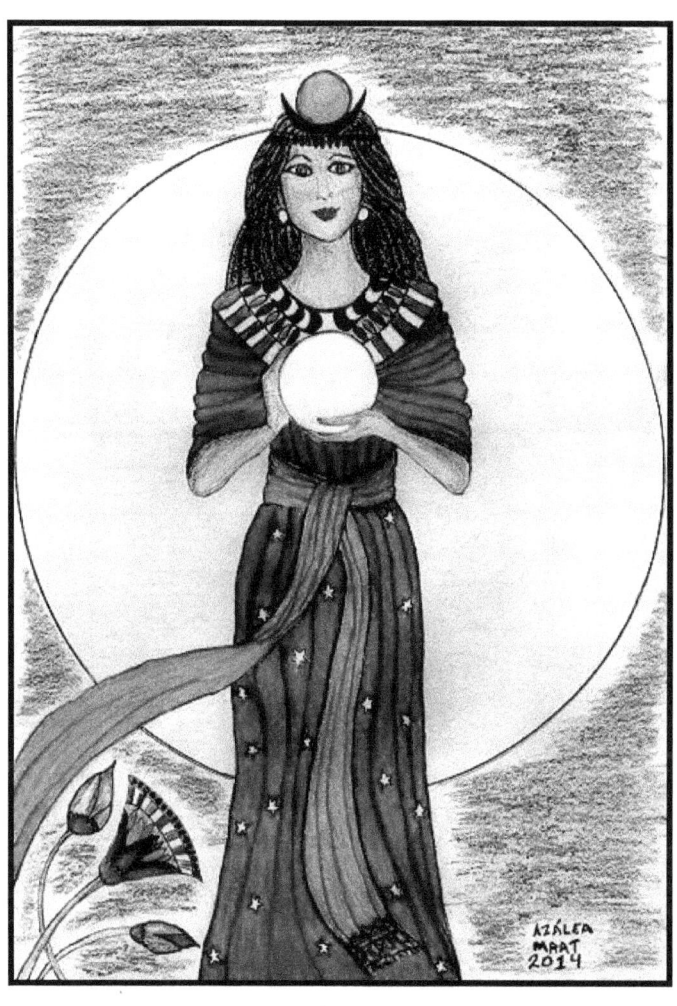

¿Qué se siente cuando se siente? Es como navegar en el espacio de la pureza, la verdad, es estar más cerca de la creación.

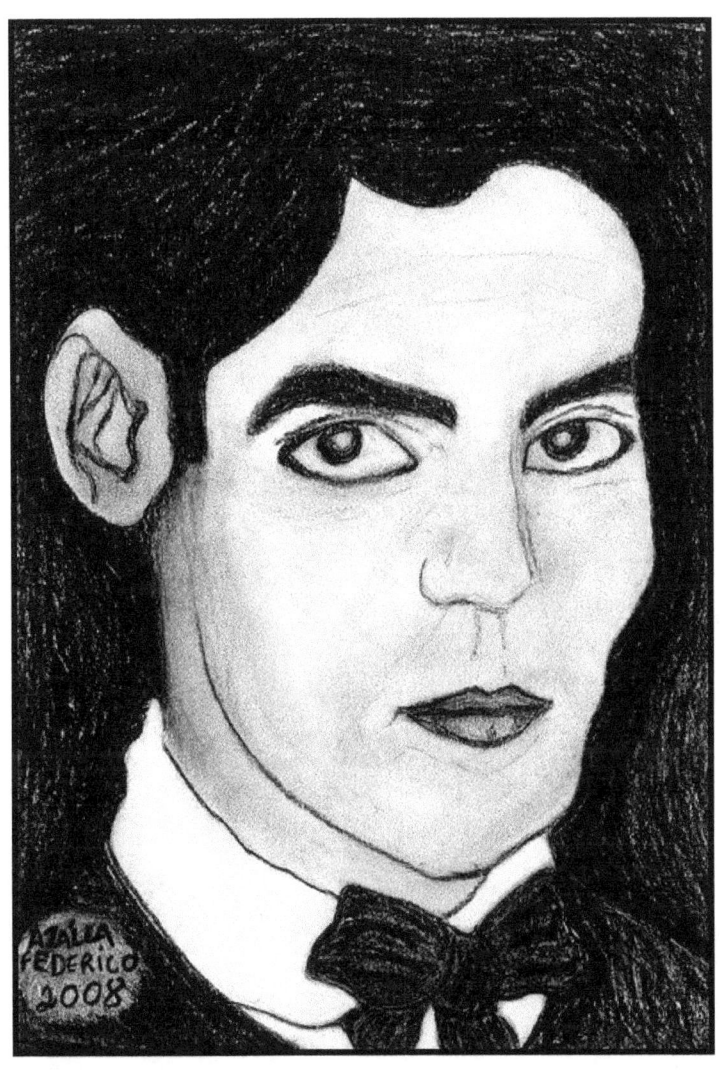

Las palabras hermosas dejan de ser gramaticales, para convertirse en sublimes.

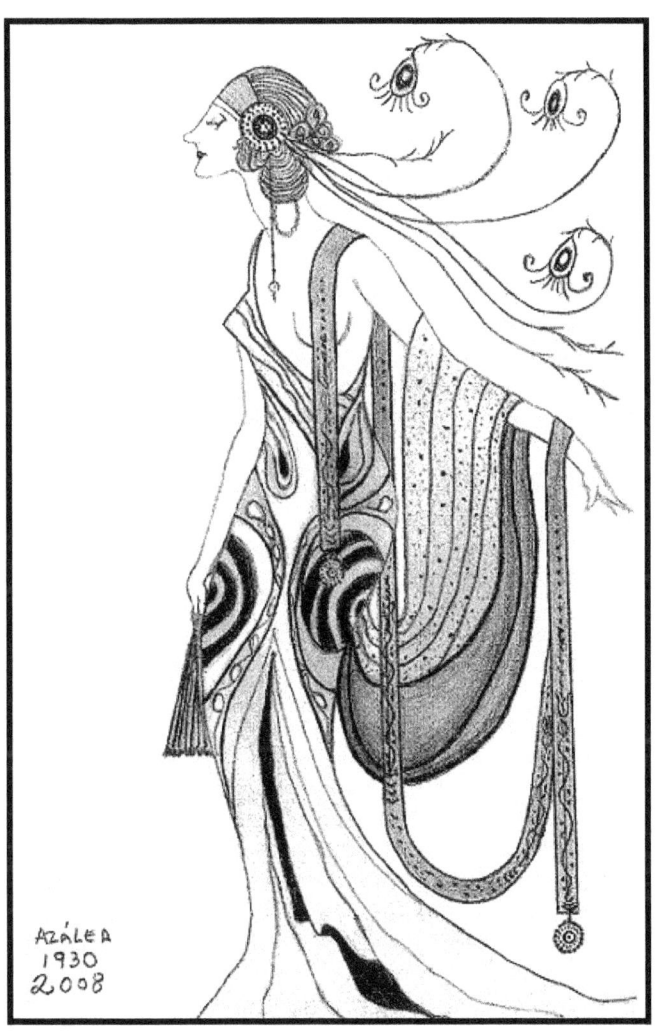

Nunca llegamos a conocer verdaderamente a los seres con quienes nos relacionamos más íntimamente, hasta que en momentos de crisis emocional, se dispara lo reprimido que llevan dentro.

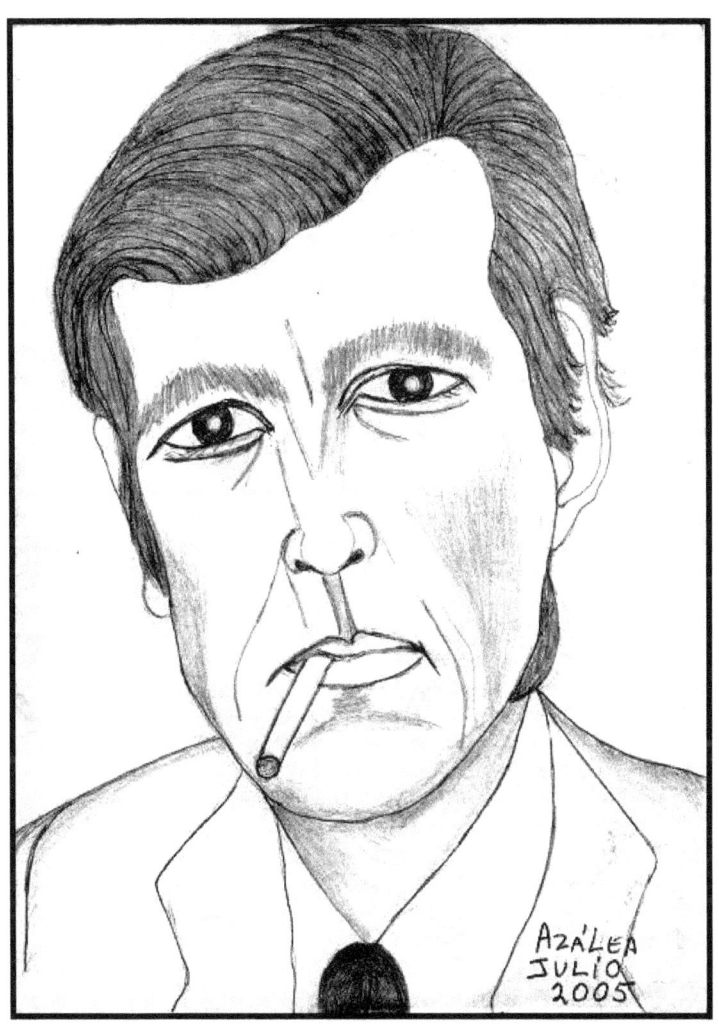

La felicidad es una condición inherente a nuestra naturaleza divina, que como Dios, siempre está presente, pero hay que buscarla.

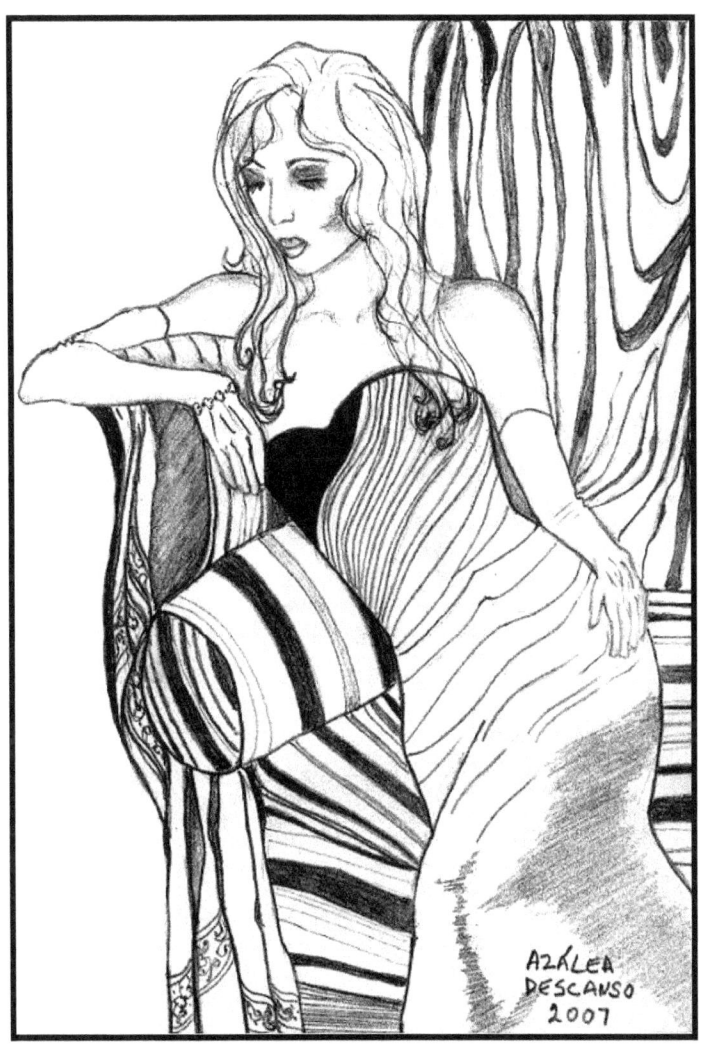

Comprender el porqué de las cosas y saber discernir entre ellas, es un camino orientado a la perfección.

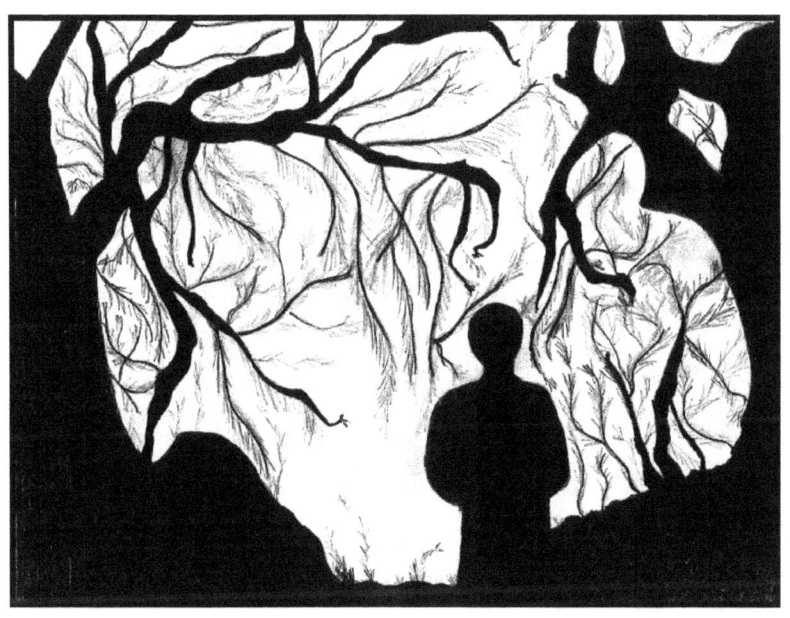

Volar con las alas prestadas ofrece el riesgo del fracaso o el estancamiento a un determinado nivel. Hacerlo con las propias conduce al progreso, evolución.

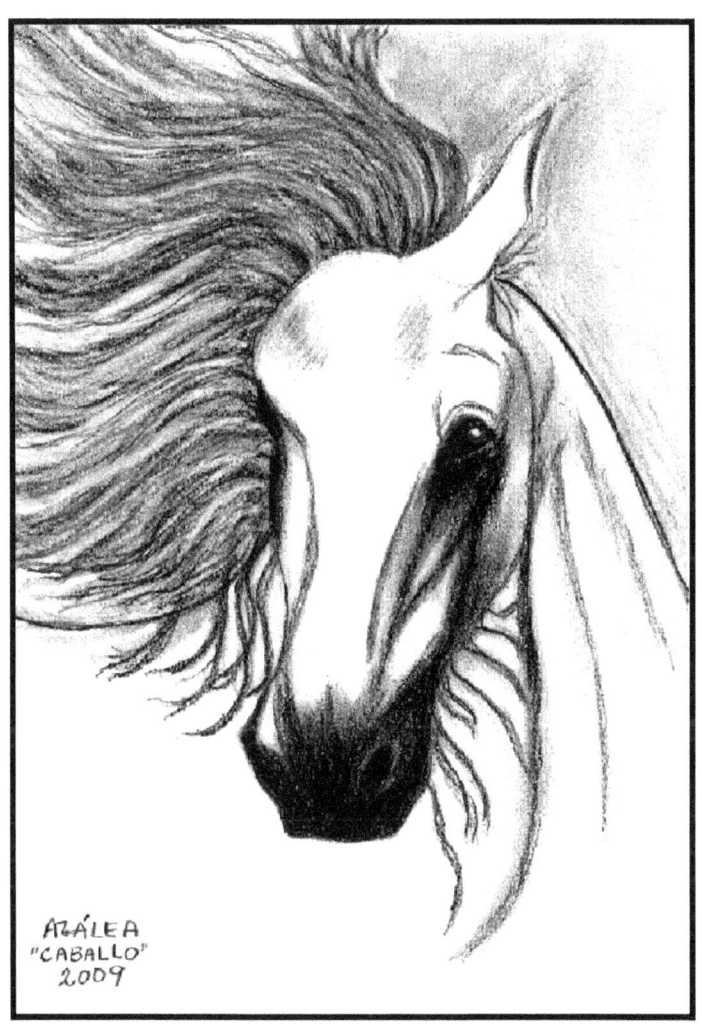

AZÁLEA
"CABALLO"
2009

Los caminos más pedregosos tienen los ideales más hermosos.

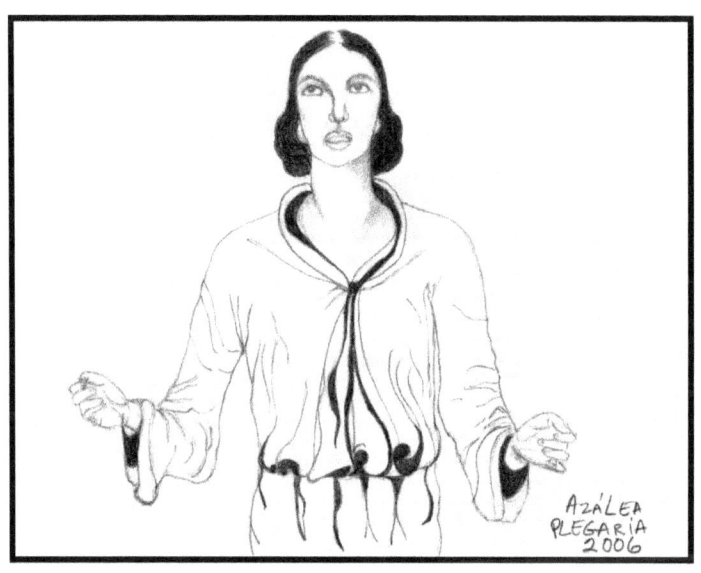

Los que no han navegado por sus mundos interiores permanecen encarcelados en la ignorancia, porque es en este espacio donde radica la sabiduría.

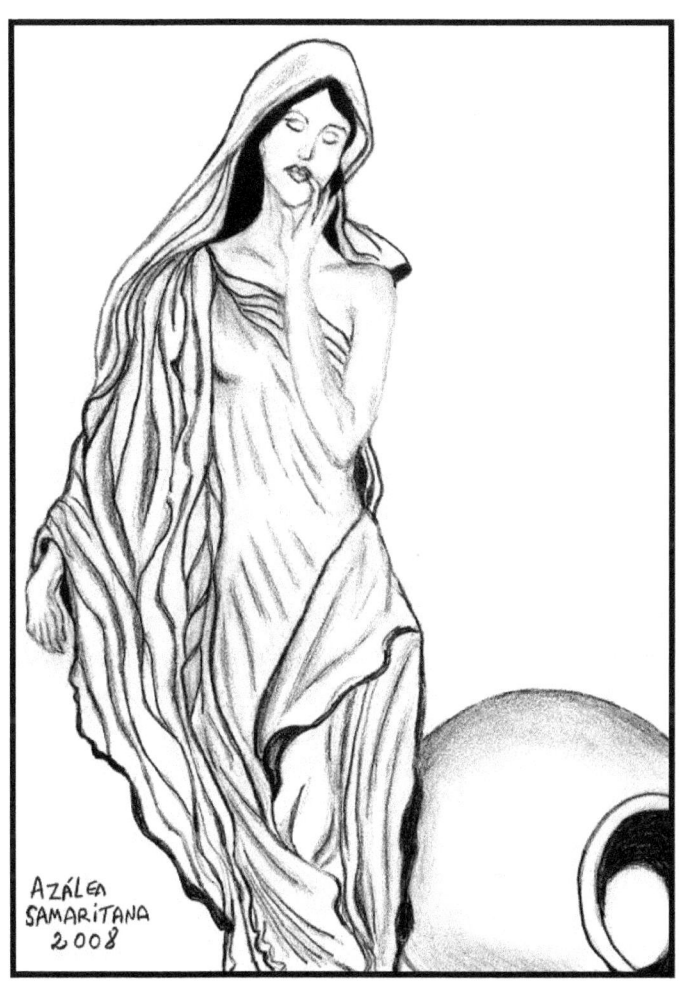

No es tan tonto el que cree que lo es, ni tan sabio el que pretende serlo.

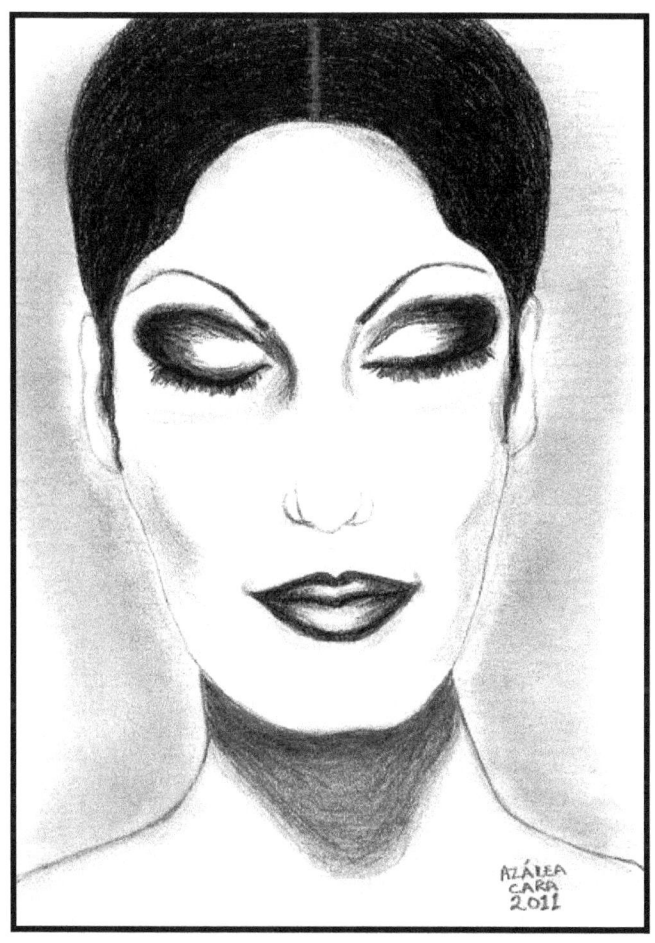

Lograr la paz interna es la mejor manera de evitar conflictos externos.

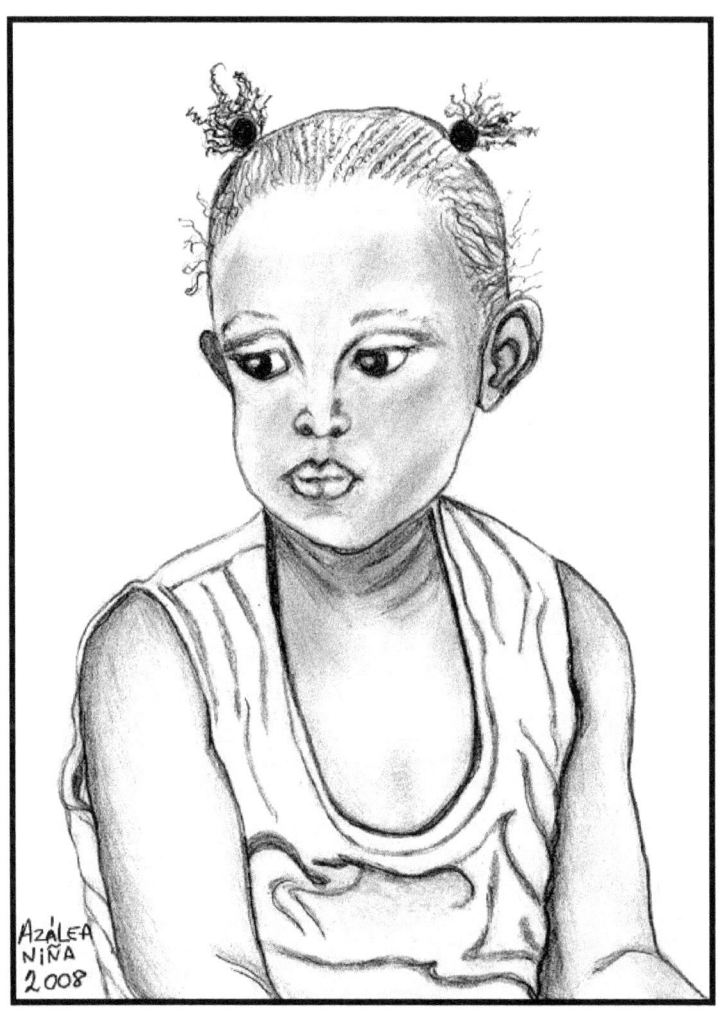

La edad debería medirse en función de la experiencia en lugar de los años porque: Hay viejos niños y niños viejos.

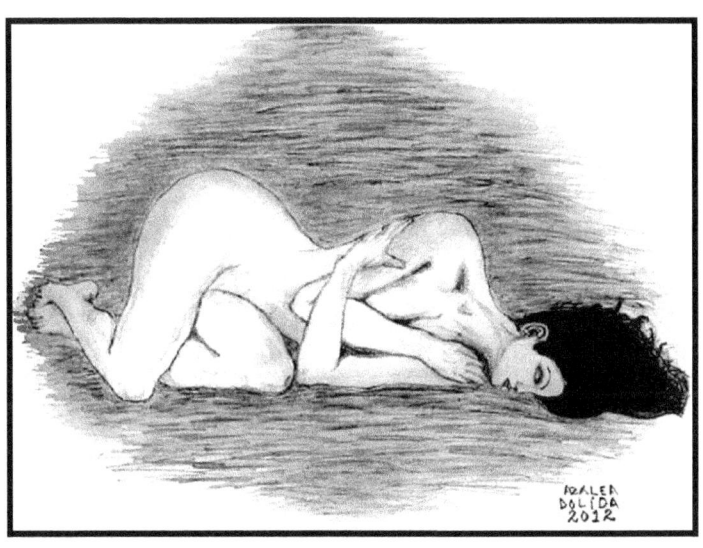

Solamente los que hayan probado ambos sabores pueden saber lo que es dulce o amargo.

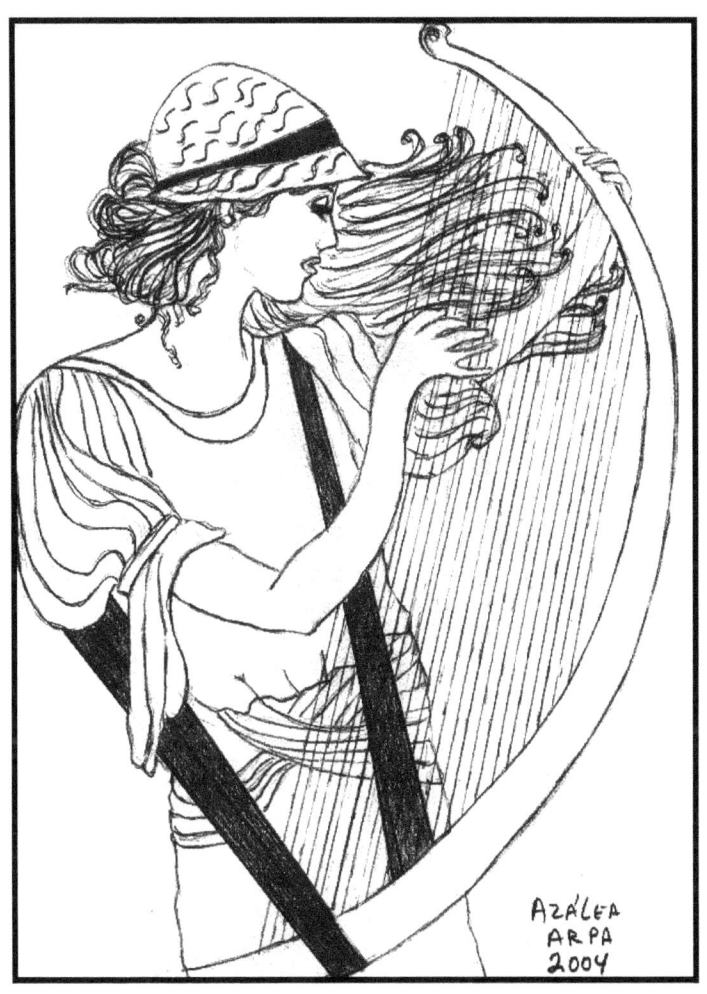

Ningún tribunal humano es óptimamente suficiente para juzgar, porque la pura verdad se encuentra dentro del Ser.

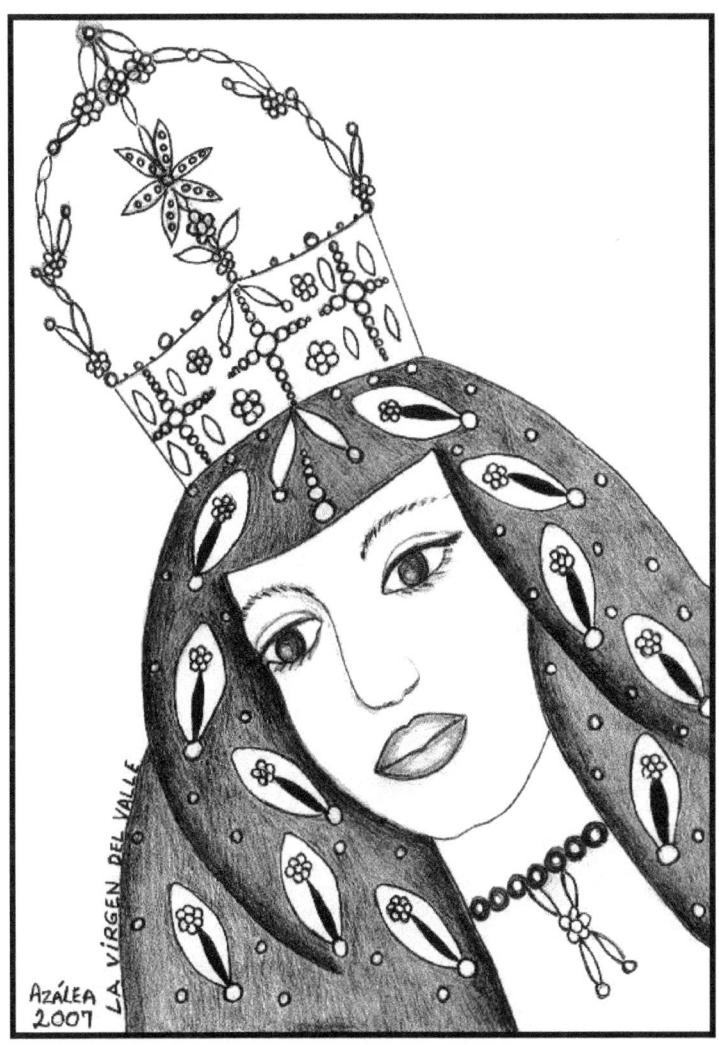

Verdaderamente pobres son los que: Nacieron sin estrella, Crecieron sin amor, Reprodujeron por instinto, Murieron sin esperanza.